Carl Robert

Die Masken der neueren attischen Komödie

Verlag
der
Wissenschaften

Carl Robert

Die Masken der neueren attischen Komödie

ISBN/EAN: 9783957006448

Auflage: 1

Erscheinungsjahr: 2015

Erscheinungsort: Norderstedt, Deutschland

© Verlag der Wissenschaften in Vero Verlag GmbH & Co. KG. Alle Rechte beim Verlag und bei den jeweiligen Lizenzgebern.

Webseite: http://www.vdw-verlag.de

Cover: Tizian "Ländliches Konzert "

FÜNFUNDZWANZIGSTES HALLISCHES WINCKELMANNSPROGRAMM

DIE MASKEN
DER NEUEREN ATTISCHEN KOMOEDIE

VON

CARL ROBERT

GEDRUCKT AUS DEN MITTELN DER ROBERT-GABE

MIT 1 TAFEL UND 128 TEXTABBILDUNGEN

HALLE A. S.
MAX NIEMEYER
1911

Fig. 1.

Der kleine Kreis von Forschern, der sich bisher um antike Masken überhaupt gekümmert hat, scheint der Liste des Pollux bei seinen Untersuchungen mit einer gewissen Ängstlichkeit aus dem Wege gegangen zu sein. In den zahlreichen populären Schriften über das antike Bühnenwesen, die uns die letzten Jahre beschert haben, findet man sie kaum einmal erwähnt, und sowohl in den Katalogen unserer Museen als bei der Exegese einzelner szenischer Bildwerke wird selten der Versuch gemacht, mit ihrer Hilfe die Masken zu benennen. Man begnügt sich mit der allgemeinen Bezeichnung tragische oder komische, männliche oder weibliche Maske oder, wenn es hoch kommt, Sklavenmaske. Nur Augustin Cartault und Salomon Reinach machen hier eine rühmliche Ausnahme. Vielleicht ist der Grund dieses Mißtrauens darin zu suchen, daß viele mit Engelhardt[1] die technischen Ausdrücke des Pollux für zum guten Teil unverständlich oder mehrdeutig halten. Und doch sind sie alle gutes Griechisch.

Im Gegensatz zu dieser Resignation habe ich immer die Ansicht gehabt, daß jede methodische Untersuchung der Maskendarstellungen von Pollux auszugehen hat, wenn auch der von mir selbst vor mehr als dreißig Jahren in dieser Richtung unternommene Versuch[2] noch sehr unbeholfen war und vielleicht gerade darum dazu beigetragen hat, das Mißtrauen gegen diese Liste zu verstärken, die sich doch bei näherer Betrachtung als ein in sich geschlossenes und wohl durchdachtes System erweist, dem auf den Grund zu gehen schon an sich der Mühe lohnt. Ich beschränke mich diesmal aber auf die Masken der neueren Komödie und setze zunächst die auf sie bezügliche Stelle in Bethes recensio[3] her, bediene mich jedoch, der bequemeren Übersicht halber, ihrem Charakter entsprechend auch typographisch der Form eines Katalogs. Auch wird es sich empfehlen, daß wir uns zuerst nur mit den männlichen Masken beschäftigen und, erst wenn wir hier eine feste Grundlage gewonnen haben, zu den weiblichen übergehen.

---

[1]) Die Illustrationen der Terenzhandschriften, Jenaer Dissertation 1905, deren Besitz ich der Freundlichkeit des Verfassers verdanke.

[2]) Archäologische Zeitung XXXVI 1878 S. 13 ff.

[3]) Die in den einzelnen Handschriften ausgelassenen Worte zu bezeichnen unterlasse ich, da durch Bethes Ausführungen feststeht, daß es sich nirgends um Interpolationen handelt, sondern daß die Abschreiber den selbst schon epitomierten Archetypos ihrerseits wieder in verschiedener Weise epitomieren.

IV 143 ff. (p. 244 ff. B.)

(ΤΑ ΚΩΜΙΚΑ ΠΡΟΣΩΠΑ ΤΗΣ ΝΕΑΣ ΚΩΜΩΙΔΙΑΣ)

(ΓΕΡΟΝΤΕΣ)

1) ὁ μὲν πρῶτος πάππος πρεσβύτατος, ἐν χρῶι κουρίας, ἡμερώτατος τὰς ὀφρῦς, εὐγένειος, ἰσχνὸς τὰς παρειάς, τὴν ὄψιν κατηφής, λευκὸς τὸ χρῶμα, τὸ μέτωπον ὑπόφαιδρος.

2) ὁ δ' ἕτερος πάππος, ἰσχνότερος καὶ ἐντονώτερος τὸ βλέμμα καὶ λυπηρός, ἔπωχρος, εὐγένειος, πυρσόθριξ, ὠτοκαταξίας.

3) ὁ δὲ ἡγεμὼν πρεσβύτης στεφάνην τριχῶν περὶ τὴν κεφαλὴν ἔχει, ἐπίγρυπος, πλατυπρόσωπος, τὴν ὀφρῦν ἀνατέταται τὴν δεξιάν.

4) ὁ δὲ πρεσβύτης μακροπώγων καὶ ἐπισείων στεφάνην τριχῶν περὶ τὴν κεφαλὴν ἔχει, εὐπώγων δ' ἐστὶ καὶ οὐκ ἀνατέταται τὰς ὀφρῦς, νωθρὸς δὲ τὴν ὄψιν.

5) ὁ δ' Ἑρμώνιος ἀναφαλαντίας, εὐπώγων, ἀνατέταται τὰς ὀφρῦς, τὸ βλέμμα δριμύς.

6) ὁ δὲ σφηνοπώγων ἀναφαλαντίας, ὀφρῦς ἀνατεταμένος, ὀξυγένειος, ὑποδύστροπος.

7) ὁ δὲ Λυκομήδειος οὐλόκομος, μακρογένειος, ἀνατείνει τὴν ἑτέραν ὀφρῦν, πολυπραγμοσύνην παρεν-δείκνυται.

8) ὁ δὲ πορνοβοσκὸς τἆλλα μὲν ἔοικε τῶι Λυκομηδείωι, τὰ δὲ χείλη ὑποσέσηρε καὶ συνάγει τὰς ὀφρῦς, καὶ ἀναφαλαντίας ἐστὶν ἢ φαλακρός.

9) ὁ δὲ δεύτερος Ἑρμώνιος ἀπεξυρημένος ἐστὶ καὶ σφηνοπώγων.

(ΝΕΑΝΙΣΚΟΙ.)

1) ὁ μὲν πάγχρηστος ὑπέρυθρος, γυμναστικός, ὑποκεχρωσμένος, ῥυτίδας ὀλίγας ἔχων ἐπὶ τοῦ μετώπου καὶ στεφάνην τριχῶν, ἀνατεταμένος τὰς ὀφρῦς.

2) ὁ δὲ μέλας νεανίσκος νεώτερος, καθειμένος τὰς ὀφρῦς, πεπαιδευμένωι ἢ φιλογυμναστῆι ἐοικώς.

3) ὁ δ' οὖλος νεανίσκος μᾶλλον[1] νέος, ὑπέρυθρος τὸ χρῶμα· αἱ δὲ τρίχες κατὰ τοὔνομα· ὀφρῦς ἀνατέταται, καὶ ῥυτὶς ἐπὶ τοῦ μετώπου μία.

4) ὁ δ' ἁπαλὸς νεανίσκος, τρίχες μὲν κατὰ τὸν πάγχρηστον, πάντων δὲ νεώτατος, λευκός, σκιατροφίας, ἁπαλότητα ὑποδηλῶν.

5) τῶι δ' ἀγροίκωι τὸ μὲν χρῶμα μελαίνεται, τὰ δὲ χείλη πλατέα καὶ ἡ ῥὶς σιμή, καὶ στεφάνη τριχῶν.

6) τῶι δ' ἐπισείστωι, στρατιώτηι ὄντι καὶ ἀλαζόνι καὶ τὴν χροιὰν μέλανι καὶ μελαγκόμηι[2] ἐπισεί-ονται αἱ τρίχες, ὥσπερ καὶ

7) τῶι δευτέρωι ἐπισείστωι, ἁπαλωτέρωι ὄντι καὶ ξανθῶι 'τὴν κόμην.

8) und 9) κόλαξ δὲ καὶ παράσιτος μέλανες, οὐ μὴν ἔξω παλαίστρας, ἐπίγρυποι, εὐπαθεῖς· τῶι δὲ παρασίτωι μᾶλλον κατέαγε τὰ ὦτα, καὶ φαιδρότερός ἐστιν, ὥσπερ ⟨δὴ⟩[3] ὁ κόλαξ ἀνατέταται κακοη-θέστερον τὰς ὀφρῦς.

---

[1] καλός BC, die richtige Lesart hat Bethe aus AFSV eingesetzt.

[2] μέλανι τὴν κόμην B.

[3] Von mir eingeschaltet.

10) ὁ δ' εἰκονικὸς ἔχει μὲν ἐνεσπαρμένας τὰς πολιὰς καὶ ἀποξυρᾶται τὸ γένειον, εὐπάρυφος δ' ἐστὶ καὶ ξένος.

11) ὁ δὲ Σικελικὸς παράσιτός ἐστι τρίτος.

(*ΔΟΥΛΟΙ*.)

1) ὁ μὲν πάππος μόνος τῶν θεραπόντων πολιός ἐστι, καὶ δηλοῖ ἀπελεύθερον.

2) ὁ δ' ἡγεμὼν θεράπων σπεῖραν ἔχει τριχῶν πυρρῶν, ἀνατέταται τὰς ὀφρῦς, συνάγει τὸ ἐπισκύνιον, τοιοῦτος ἐν τοῖς δούλοις, οἷος ὁ ἐν τοῖς ἐλευθέροις πρεσβύτης ἡγεμών.

3) ὁ δὲ κάτω τριχίας ἀναφαλαντίας ἐστὶ καὶ πυρρόθριξ, ἐπηρμένος τὰς ὀφρῦς.

4) ὁ δ' οὖλος θεράπων δηλοῖ μὲν τὰς τρίχας, εἰσὶ δὲ πυρραὶ ὥσπερ καὶ τὸ χρῶμα. καὶ ἀναφαλαντίας ἐστὶ καὶ διάστροφος τὴν ὄψιν.

5) ὁ δὲ Μαίσων θεράπων φαλακρὸς πυρρός ἐστιν.

6) ὁ δὲ θεράπων Τέττιξ φαλακρὸς μέλας, δύο ἢ τρία βοστρύχια μέλανα ἐπικείμενος, καὶ ὅμοια ἐν τῶι γενείωι, διάστροφος τὴν ὄψιν.

7) ὁ δ' ἐπίσειστος ἡγεμὼν ἔοικεν ἂν τῶι ἡγεμόνι θεράποντι πλὴν περὶ τὰς τρίχας.

In dieser Beschreibung ist das wichtigste Kriterium nicht, wie ich früher fälschlich behauptet habe, die Gesichtsfarbe, sondern das Haar, seine Anordnung und seine Farbe. Wir beginnen daher mit diesem und betrachten zuerst die termini, στεφάνη und σπεῖρα. Jene findet sich nur bei den Freien, und zwar in gleicher Weise bei Jungen und Alten; von Greisen tragen sie der πρεσβύτης ἡγεμών (Γ 3) und der πρεσβύτης μακροπώγων (Γ 4), von Jünglingen der πάγχρηστος (Ν 1), der ἁπαλός (Ν 4) und der ἄγροικος (Ν 5). Die σπεῖρα wird nur bei dem ἡγεμών θεράπων (Δ 2) erwähnt. Niemals kommen στεφάνη und σπεῖρα in Verbindung mit einer Glatze vor [1]. Über das Aussehen beider Haartrachten läßt die Wortbedeutung keinen Zweifel: σπεῖρα, das bekanntlich auch den Schlangenleib und in der ionischen Architektur den torus bezeichnet, kann nur ein runder Haarwulst sein, also ein Toupet; στεφάνη, das allerdings vieldeutiger ist [2], muß in diesem Falle einen aufrecht stehenden Haarrand bezeichnen, der am ehesten dem Schirm des attischen Helms oder den allerdings meist mehr hinten sitzenden Diademen der Chiotinnen zu vergleichen ist. Die erste veranschaulicht die kolossale Sklavenmaske des vatikanischen Museums [3] (Fig. 2), die zweite deren Pendant, eine gleichfalls im Vatikan befindliche

---

[1] Ich hebe dies darum hervor, weil zuweilen, z. B. in Passows Lexikon στεφάνη τριχῶν, als der übrig gebliebene Haarstreifen unter der Glatze gedeutet wird.

[2] In den Kapiteln über den menschlichen Körper gebraucht Pollux II 89 στεφάνη sowohl vom hinteren Schädelrand (τὸ μέσον ἰνίον τε καὶ βρέγματος) als von der Haargrenze überhaupt 40 (ἡ δὲ τελευταία τῶν τριχῶν περὶ τῆς κεφαλῆς περίοδος καὶ στεφάνη καὶ περίδρομος ἐπίκλην ἔχει), also das zweitemal in ähnlichem wenn auch viel weiterem Sinne als in der Terminologie der Theatergarderobe, wobei freilich zu beachten ist, daß bei der Maske die Rückenansicht überhaupt nicht in Frage kam.

[3] S. Amelung, Die Skulpturen des vatikanischen Museums II S. 165 Nr. 66 A¹ Taf. 28, woher auch unsere Textabbildung entlehnt ist. Über die Provenienz dieser und der folgenden Maske s. Amelung eben-

Fig. 2.

Jünglingsmaske[1] (Fig. 3). Eine Profilansicht derselben Sklavenmaske entnehme ich einem Sarkophag in Clieveden[2] (Fig. 4), der Jünglingsmaske dem Menanderrelief des Lateran[3] (Fig. 6). Dasselbe Relief zeigt die Stephane auch an der Maske eines älteren Mannes (Fig. 5). Ein spezifischer Unterschied ist, wie man sieht, zwischen Speira und Stephane nicht vorhanden[4], beide sind ein Toupet; nur scheint die Stephane in der Regel etwas niedriger und flacher zu sein als die Speira, die mehr der alten Rollbinde entspricht. Aber daß auch die

Fig. 3.

Stephane um eine Binde gewickelt war, zeigen die vertikal nach hinten gekämmten Strähnen der vatikanischen Jünglingsmaske. Ebensowenig macht es einen prinzipiellen Unterschied, daß der untere Rand der Speira nicht immer im Halbkreis verläuft, sondern zuweilen über der Mitte der Stirn eine kleine Spitze bildet, da dasselbe auch bei der Stephane vorkommt (s. unten Fig. 11). Danach würde also die verschiedene Bezeichnung weniger in der Verschiedenheit der Frisur als in dem Standesunterschied der Personen ihren Grund haben: ein Sklave soll eben keine στεφάνη tragen. Doch hoffe ich unten zu zeigen, daß Speira und Stephane auch ihrer Herkunft nach verschieden sind, so daß sich die verschiedene Benennung wohl hauptsächlich hierdurch erklärt.

Fig. 4.

Fig. 5.

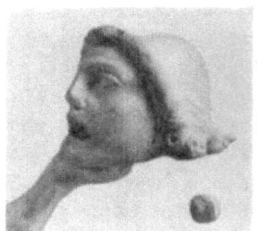

Fig. 6

da S. 47 zu 17a. Ähnliche Kolossalmasken befinden sich im Villa Albani und im Thermen-Museum, Helbig, Führer II[2] 734. 894.

[1]) Amelung a. a. O. S. 283 Nr. 102 A Taf. 25, danach unsere Abbildung.

[2]) Nach einer im Sarkophagapparat befindlichen Zeichnung Eichlers, die angefertigt wurde, als der Sarkophag noch zu Frascati in Villa Taverna stand., Vgl. Journ. of hell. studies XX 1900 p. 81 ff. Taf. VII a.

[3]) Nach der Andersonschen Photographie. Das ganze Relief unten Fig. 96. Vgl. Schreiber, Hellenistische Reliefbilder Taf. 83; Benndorf und Schöne, Lateran 245, Helbig Führer II[2] 684. Daß der dargestellte Dichter Menander ist, hat zuerst Studniczka erkannt.

[4]) So wird denn auch in Plautus' Amphitruo V. 144, wie wir unten (S. 7) sehen werden, die Stephane des Iupiter als *torulus* bezeichnet.

Fig. 7.   Fig. 8.   Fig. 9.

Ein anderer Terminus, der eine Erklärung verlangt, ist ἐπίσειστος oder ἐπισείων. Zwei Jünglingsmasken (N 6 und 7) und eine Sklavenmaske (Δ 7) tragen die erste Bezeichnung. Sehr merkwürdig aber ist, daß er bei einer Greisenmaske, dem ἡγεμὼν μακροπώγων καὶ ἐπισείων (Γ 4), in Verbindung mit der Stephane erscheint, selbstverständlich hingegen, daß keine kahlköpfige Maske diese Bezeichnung trägt; denn die Wortbedeutung und Stellen wie Kallistratos 6 vom Kairos ἡ μὲν κόμη κατὰ τῶν ὀφρύων ἐφέρπουσα ταῖς παρειαῖς ἐπέσειε τὸν βόστρυχον und, schon von Jacobs verglichen, Libanios V p. 549 F. von Alkibiades: κόμαι αὐτῶι τοῖς κροτάφοις ἐπισείονται βακχικαί lassen keinen Zweifel darüber, daß eine Maske mit langen Locken gemeint ist, die auf die Wangen fallen oder wenigstens fallen können, also dasselbe, was Euripides Bacch. V. 455 durch πλόκαμος .. γένυν παρ' αὐτὴν κεχυμένος ausdrückt. Nun gehört zu den ἐπίσειστοι auch eine Charaktermaske, der miles gloriosus: N 6 τῶι δ' ἐπισείστωι, στρατιώτῃ ὄντι καὶ ἀλαζόνι   ἐπισείονται αἱ τρίχες, und von diesem besitzen wir, wie allgemein anerkannt wird, eine bühnengetreue Wiedergabe auf dem Bild der casa della grande fontana (Helbig 1468), das zwar jetzt zerstört aber nach drei verschiedenen Zeichnungen publiziert ist, nach einer von Zahn in dessen Neuentdeckten Wandgemälden in Pompeji Taf. 31 und schon früher von Micali Ant. Mon. tav. 119 (Fig. 7), nach einer andern von Gell Pompeiana N. S. II pl. 54 (Fig. 8) und endlich

Fig. 10.

Fig. 11.

nach einer dritten im Museo Borbonico IV tav. 18 (Fig. 9). Bei der Wichtigkeit dieses bildlichen Zeugnisses schien es angezeigt, die betreffende Figur in allen drei Wiedergaben hier abzubilden. Ich stelle aber, hiermit allerdings etwas vorgreifend, da die Verwendbarkeit der illustrierten Terenzhandschriften für unsere Zwecke erst an einer späteren Stelle bewiesen werden kann, mit ihr gleich den Thraso des Eunuchen

Fig. 12.

aus dem Parisinus 7899 (Fig. 10) zusammen [1]. Beidemal fällt unter dem Petasos, der in der Handschrift freilich die Form einer hohen tholosartigen Mütze erhalten hat, das Haar lose herab. Wie sich aber diese langen Locken mit der Stephane verbinden können, zeigt die Maske des einen Alten auf dem berühmten Neapler Komödienrelief[2] (Fig. 11). Sie setzen einfach an die unteren Enden der Stephane an, die also an dieser Stelle in vier gedrehte Locken übergeht, welche, wenn der Kopf vorgeneigt wird, auf die Wangen fallen müssen. Eine Vorstufe hierzu findet sich schon auf dem Menanderrelief, wo sowohl bei der Greisen- wie bei der Jünglingsmaske die Stephane in eine kleine Locke ausläuft[3] (s. oben Fig. 5 und 6). Doch ist diese zu klein und haftet zu fest an der Stephane, um jemals auf die Wange fallen zu können. Man muß sich also hüten, auch hier die Masken von ἐπίσειστοι erkennen zu wollen; vielmehr handelt es sich nur um eine kleine Variante der Stephane, wie wir eine andere schon oben (S. 4) konstatiert haben. Dürfen wir so in dem einen Alten des Neapler Reliefs den μακροπώγων καὶ ἐπίσειων sehen, so stellt uns der Sklave rechts den θεράπων ἡγεμὼν ἐπίσειστος vor Augen

---

[1] Nach Omont Reproductions de Manuscrits et Miniatures de la Bibliothèque nationale, Comédies de Térence, pl. 33.

[2] Fig. 11—13 nach der Alinarischen Photographie. Das ganze Relief s. unten Fig. 85. Vgl. auch Schreiber, Hellenistische Reliefbilder Taf. 84.

[3] Eine zweite kleine Locke ist links davon in ganz flachem Relief auf der Wange der Jünglingsmaske angebracht, etwa an der Stelle, wo an der Greisenmaske das Ohrläppchen sichtbar wird. Der viereckige Gegenstand zwischen diesen beiden Löckchen und dem Schopf ist sicherlich kein Haar; er steht anscheinend mit dem darunter befindlichen Puntello (s. Fig. 96) in Verbindung. Eine befriedigende Erklärung habe ich nicht. Ein so langer Haarschopf, wie ihn Schreiber ergänzt, scheint mir unmöglich. Vielleicht ist es ein Band, das dazu diente, die Maske im Nacken festzubinden. Doch kann ich ein solches sonst nicht nachweisen. Möglicherweise diente es auch nur zum Handhaben der Maske, wie auf der Neapler Satyrvase die am Scheitel befestigten Schleifen. Zu erwägen ist aber auch, daß wir hier noch ungebrauchte, eben abgelieferte Masken vor uns haben, s. unten. Es könnte also dieses Band einfach zum Transport gedient haben und wäre dann beim Gebrauch entfernt worden. Den Puntello unter dem Bart der Greisenmaske (s. Fig. 96) hat Schreiber einerseits auf die Querleiste, andrerseits auf die Bartspitze bezogen, ersteres ebenso evident richtig wie letzteres verkehrt. Denn solch riesiger Bart kommt dieser Maske nicht zu.

Die ἐπίσειστοι. 7

Fig. 13.

(Fig. 12), und wir lernen, daß sich an dieser Sklavenmaske die Locken in derselben Weise aus der Speira entwickeln, wie bei der Greisenmaske aus der Stephane. Aus Pollux' Worten war die Speira für diese Maske nicht ohne weiteres zu erschließen: ὁ δ' ἐπίσειστος ἡγεμὼν ἔοικοι ἂν τῶι ἡγεμόνι θεράποντι πλὴν τὰς τρίχας. Jetzt sehen wir aus dem Bildwerk, daß die hervorgehobene Verschiedenheit der Haartracht nicht in dem Fehlen der Speira bei dem ἐπίσειστος, sondern in dem Fehlen der Locken bei dem ersten ἡγεμών besteht. Dasselbe Relief zeigt uns aber in dem trunkenen Herren dieses Sklaven auch einen νεανίσκος ἐπίσειστος (Fig. 13). Auch bei diesem entwickeln sich die Locken aus der Stephane, ja sie setzen schon viel höher an als bei den andern beiden Masken, etwa in der Gegend der Schläfe. Das kann also nur der δεύτερος ἐπίσειστος (N 7) sein, bei dessen Maske allerdings die Stephane so wenig erwähnt wird wie bei dem θεράπων ἐπίσειστος, sei es durch Schuld des Epitomators, sei es daß Pollux ihr Vorhandensein als selbstverständlich betrachtet. Jedenfalls sehen wir, daß alle ἐπίσειστοι Stephane oder Speira haben mit Ausnahme der ἐπίσειστος A oder στρατιώτης ἀλαζών. Und doch scheint eine merkwürdige Stelle im Amphitruo des Plautus darauf hinzuweisen, daß auch dieser die στεφάνη tragen konnte. Dort belehrt Mercur die Zuschauer, woran sie den in der Gestalt des Amphitruo auftretenden Iupiter von dem wirklichen Amphitruo unterscheiden können V. 144 f.:

tum meo patri autem torulus inerit aureus
sub petaso: id signum Amphitruoni non erit.

Daß dies auf die griechische Vorlage zurückgeht, wird wohl niemand bestreiten wollen; ebensowenig, daß dort der echte und der falsche Amphitruo als Feldherren in einer Maske aufgetreten sein müssen, die dem ἐπίσειστος A entsprach. Daß endlich *torulus* dem griechischen σπεῖρα synonym ist und daß dieses im Sinne von στεφάνη gebraucht war, ist schon oben S. 4 A. 4 hervorgehoben worden. Wir lernen also, daß auf der griechischen Bühne sich die στεφάνη mit dem Petasos sehr wohl vertrug. Also haben wir mit der Möglichkeit zu rechnen, daß der ἀλαζὼν στρατιώτης gelegentlich auch mit der Stephane auftrat, obgleich diese sowohl auf dem pompejanischen Bilde wie in den Terenzillustrationen zu fehlen scheint. Was es aber zu bedeuten hat, daß diese στεφάνη τριχῶν bei dem Iupiter-Amphitryon aus Gold sein soll, darauf kann ich erst in einem späteren Stadium dieser Untersuchung eingehen.

Weiter finden wir in jeder der drei Maskenkategorien einen οὐλόκομος oder οὖλος: Γ 7, N 3, Δ 4. Unter den Alten ist es der Λυκομήδειος. Der οὖλος θεράπων aber hat zugleich eine Glatze. Sicher nachweisbar ist zunächst der νεανίσκος οὖλος. Wir finden ihn auf zwei Maskenreliefs des Vatikanischen Museums[1] (Fig. 14. 15). Dort hat er in der Tat das dichte wollige kurze Negerhaar, das Herodot VII 70 und Diodor II 8, 2 mit diesem Ausdruck bezeichnen, außerdem aber hinter

---

[1] Nach Photographien, die ich der Freundlichkeit W. Amelungs verdanke. Fig. 14 im Museo Chiaramonti 106, s. Amelung a. a. O. I S. 876 Taf. 89, Fig. 12 im Gabinetto d. maschere 440, Amelung a. a. O. II S. 710 Taf. 79.

Fig. 14.

dem Ohr zwei gedrehte Locken, von denen Pollux nicht spricht. Ist nun das Wort in demselben prägnanten Sinne auch bei den zwei anderen Masken gebraucht, so vermag ich diese nicht nachzuweisen. Bedeutet es hingegen dort das dichte, aber nicht kurze, sondern krause und daher etwas wirre Haar, wie bei Homer und bei zahllosen anderen Autoren[1], so dürfen wir den Lykomedeios in einem Terrakottaköpfchen des Berliner Mu-

Fig. 15.

seums[2] erkennen (Fig. 16). Denn dieses hat deutlich nicht nur langes wirres, sondern direkt krauses Haar, und daneben alle Kriterien, die Pollux für den Lykomedeios angibt. Der Bart ist lang, die eine Braue, und zwar die linke, hochgezogen und die beiden Furchen in der Stirn deuten die πολυπραγμοσύνη an. Den Pilos, den wir bei diesem Köpfchen finden, erwähnt freilich Pollux nicht, und wir müssen es zunächst dahingestellt sein lassen, ob er ein wesentlicher Bestandteil der Maske oder ob er nur für eine bestimmte Rolle, die in der Maske des Lykomedeios gespielt wurde, charakteristisch ist. Was für eine Rolle dies war, lehrt die köstliche Terrakottastatuette des Berliner Museums, die ich nach einer von Kekule mir freundlich zur Verfügung gestellten Zeichnung[3] hersetze (Fig. 17), ein Soldat oder wohl richtiger ein Landwehrmann mit Schwert und Feldflasche an der Seite, den Stromata auf dem Rücken, der jetzt verlorenen Lanze in der Rechten und den Soldatenstiefeln an den Füßen; denn der gleichfalls von einem Pilos bedeckte Kopf zeigt genau denselben Typus wie das sicher ebenfalls von einer Statuette herrührende Köpfchen, das wir eben für den Lykomedeios in Anspruch genommen haben, mit ganz geringfügigen Varianten: der Bart ist nämlich noch länger, das Haupthaar aber weniger kraus. Nun paßt aber die Beschreibung des Pollux, falls man den Begriff des Kraushaares nicht zu rigoros betont, auch noch auf einen anderen Typus, der zwar dem eben besprochenen verwandt ist, aber in eine höhere Sphäre gehört. Als ersten Vertreter dieses Typus bilde ich hier (Fig. 18) die Maske von dem einen pompejanischen Gruppenbilde ab[4]. Wir sehen auch hier den mächtigen Bart, die eine hochgezogene Braue, nur daß es diesmal

---

[1]) Pollux II 23 führt aus Telesilla das compositum οὐλοκίκιννος an, wofür Sophokles στρεβλοκόμας gesagt habe. Vgl. Hesych s. v. Übrigens sei das simplex dem Attischen fremd.

[2]) Von den Dardanellen. H. 0,055.

[3]) Nach dieser Zeichnung auch bei Winter Typen II 427, 6. Aus Kleinasien, „vielleicht Myrina" Winter. H. 0,235. Dieterich Pulcinella S. 154 hat die Darstellung in doppelter Weise mißverstanden, indem er erstens den Filzhut, den der gemeine Mann doch überhaupt auf der Reise trägt, für ein charakteristisches Requisit des volkstümlichen Possenspiels hielt (dasselbe könnte man dann auch mit gleichem Rechte von unseren Regenschirmen behaupten), und indem er die Figur für einen Sklaven erklärte, als ob ein solcher mit Schwert und Lanze ausgerüstet sein könnte. Mehr darüber unten bei Besprechung der Herkunft der Masken.

[4]) Arch. Zeit. XXXVI 1878 Taf. 5, von mir dort S. 23 fälschlich auf den Μακροπώγων gedeutet.

Fig. 16.

Fig. 18.

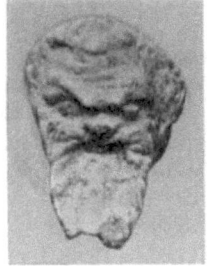

Fig. 19.

die rechte ist, und den Ausdruck der πολυπραγμοσύνη; nur ist das Haar zwar wirr und dicht, aber weniger kraus als bei den Terrakottaköpfchen, was vielleicht dem pompejanischen Maler auf Rechnung gesetzt werden darf. Mit diesem Kopf gehört aber aufs engste eine aus Smyrna stammende Maske der Sammlung Lecuyer zusammen[1], bei der ebenfalls die rechte Braue hochgezogen, das nur wenig ausgearbeitete Haar aber etwas kürzer ist (Fig. 19). Auch hier haben wir also den Lykomedeios vor uns, und trotz der frappanten Ähnlichkeit mit dem Maskenbild steht dieses Köpfchen im allgemeinen Ausdruck den Berliner Landwehrmännern fast noch näher als dieses. Aber doch zeigt diese zweite Form des Typus einen Mann aus höheren Gesellschaftskreisen, nicht den gemeinen Bürger. Es zeigt sich

Fig. 17.

also, daß der Lykomedeios nicht die Charaktermaske für einen bestimmten Stand war, wie wir eine solche in der Offiziersmaske des ersten Ἐπίσειστος kennen gelernt haben, sondern daß sie den πολυπράγμων im allgemeinen ohne Rücksicht auf seine bürgerliche Stellung repräsentierte. Und weiter mag schon aus dem Ermittelten, auch wenn wir damit der Untersuchung etwas vorgreifen, der Schluß gezogen werden, daß es von den bei Pollux aufgezählten Typen Varianten gab, über deren Verhältnis zueinander weiter unten an gehöriger Stelle zu sprechen sein wird.

---

[1] Terrecuites de la Collection Lecuyer pl. N 2, 1. H. 0,045; Cartault erklärt die Maske für den Sphenopogon.

Fig. 20. Fig. 21.

Nun fehlt uns von drei οὖλοι nur noch der θεράπων, der aber an seiner Glatze leicht zu erkennen sein wird. Und in der Tat brauchen wir nicht lange zu suchen. Ich stelle ihn hier dem Leser in drei prächtigen Exemplaren vor, die so aufgenommen sind, daß man die Glatze und unter dem Kranz das krause Haar deutlich erkennen kann. Das erste (Fig. 20) stammt aus Etrurien und befindet sich im Berliner Museum[1], das zweite[2] (Fig. 21) und

---

[1] H. 0,21. Winter a. a. O. II 424, 12, auch Arch. Zeit. XII 1854 Taf. 69, Fig. 21, 22.
[2] Mus. Nr. 5030 (Misth. 428). Nach einer Institutsphotographie. H. 0,18. Winter a. a. O. II 427, 3. Über die Farbreste schreibt mir Rodenwaldt: „Gelb an Hals und Mund, Augensterne schwarz, unter den Augenbrauen rot. Chiton gelb, Mantel hellviolett."

Der θεράπων οὖλος. 11

Fig. 22.

Fig. 23.

dritte¹ (Fig. 22. 23), jetzt im athenischen Nationalmuseum, gehörten früher zur Sammlung Misthos und werden also wohl in Myrina gefunden sein. Bei diesen Terrakotten bemerkt man auch das dritte Kriterium des Pollux, die schielenden Augen, und wenigstens für das Berliner Exemplar kann ich auch das vierte, die rote Farbe des Haares und des Gesichts, bezeugen, während das zweite athenische Exemplar zwar rotes Gesicht, aber braune Haare hat. Damit dürfte wohl jeder

---

¹) Mus. Nr. 5048 (Misth. 540). H. 0,19. Nach einer Institutsphotographie. Winter a. a. O. II 427, 4. „Weißer Überzug, Himation hellviolett (Farbe besonders im Rücken erhalten). An den Beinen und dem rechten Ärmel Reste von Gelb. Haare braun. Gesicht rote Farbreste, Augensterne schwarz, Mundöffnung gelb, Kranz grün." Rodenwaldt.

2*

Zweifel daran schwinden, daß wir berechtigt waren, das Wort οὖλος in jenem weiteren Sinne zu verstehen, wie wir es getan haben. Es lassen sich aber hierfür auch noch aus Pollux selbst weitere Argumente anführen. Zunächst nennt er auch unter den Frauenmasken eine οὔλη. Nun ist ja allerdings kurzes krauses Haar bei Frauen nicht unerhört. Wir finden es z. B. bei der Frau der Menelaosgruppe; aber daß es dort ein Zeichen der Trauer ist, wird heute wohl allgemein anerkannt. Für eine Komödienrolle paßt das aber durchaus nicht, zumal die οὔλη zu den Bürgerfrauen gehört; sie folgt nämlich in der Liste unmittelbar auf die λεκτική, von der sie sich nur durch die Haartracht unterscheidet, d. h. jene hat glatt gestrichenes, sie selbst krauses Haar. Weiter begegnet der οὖλος auch unter den Jünglingsmasken der Tragödie, und zwar gleich mit noch einer Spielart, dem πάρουλος, IV 136. Dieser οὖλος der Tragödie ist blond, was zu wolligem Negerhaar nicht paßt, die Haare sind am Onkos festgeklebt, und dieser ist von ungewöhnlicher Größe [1]. Und endlich wird 134 οὖλος sogar vom Bart gebraucht. Das Wort entspricht also dem, was man in einigen Gegenden einen „Wuschelkopf" nennt.

So haben wir, während wir uns über die Terminologie des Pollux klar zu werden suchten, bei Wege eine ganze Anzahl der von ihm beschriebenen Masken in Bildwerken nachweisen können. Obgleich nun die übrigen termini des Verzeichnisses dem Verständnis keine wesentlichen Schwierigkeiten bieten, empfiehlt es sich doch, auf dieselbe Weise, die sich uns so vortrefflich bewährt hat, fortzufahren und den Katalog weiter aus den Denkmälern zu erläutern. Wir kommen also, nachdem wir die männlichen Masken mit vollem Haarwuchs besprochen haben, nun zu den Kahlköpfen.

Direkt als φαλακροί werden zwei Sklavenmasken bezeichnet, der Μαίσων und der Τέττιξ, während der unter den Alten aufgeführte Bordellwirt ἀναφαλαντίας ἢ φαλακρός [2] heißt. Daß aber auch bei jenen „Sklaven" die Kahlheit keine vollständige war, erhellt daraus, daß der Tettix zwei oder drei schwarze Löckchen hat, δύο ἢ τρία βοστρύχια μέλανα ἐπικείμενος, und so wird wohl auch die Bezeichnung als μέλας bei ihm, wie die als πυρρός beim Maison, nicht sowohl auf den Teint als auf die Haarfarbe gehen, so daß auch beim Maison der untere Teil des Schädels noch mit Haaren bedeckt war. Durch Athenaeus [3] und Hesych wissen wir nun, daß beide Masken Köche vorstellten und zwar der Maison den einheimischen, der Tettix den fremden, eine Notiz, die Nauck mit Recht auf das Maskenbuch des Aristophanes von Byzanz zurückgeführt hat, dem Athenaeus gleich darauf eine Notiz über den Erfinder der einen dieser Masken, den megarischen Schauspieler Maison, entnimmt. Der Typus des Maison läßt sich nun, wie ich glaube,

---

[1] So wird man doch wohl das ὑπέρογκος auffassen müssen; denn auf einen ungewöhnlichen Umfang des Gesichts kann man es sich doch unmöglich beziehen.

[2] Meineke F. C. G. I 563 verweist auf Phrynichos App. soph. p. 16, 31: ἀναφαλαντίας οὐχ ὁ φαλακρός, ἀλλ' ὁ ἀρχόμενος ἀποφαλακροῦσθαι.

[3] XIV 659 a ἐκάλουν οἱ παλαιοὶ τὸν μὲν πολιτικὸν μάγειρον Μαίσωνα, τὸν δὲ ἐκτόπιον Τέττιγα, wo der Gebrauch von πολιτικός im Sinne von ἐγχώριος Beachtung verdient; Hesych v. τέττιξ · ἔξω τοῦ συνήθους ζῷου παρὰ Ἀττικοῖς οἱ τῶν μαγείρων ὑπηρέται ξένοι, οἱ δὲ ἐντόπιοι Μαίσωνες.

Die φαλακροί.

Fig. 24.

Fig. 25.

in einigen Terrakottafiguren mit Sicherheit nachweisen. Da ist zuerst ein Exemplar des Berliner Museums, das ihn mit dem Marktkorb in der Hand zeigt, aus dem irgend ein Leckerbissen herausschaut (Fig. 24)[1]. Das Stück würde noch ein ganz besonderes Interesse gewinnen, wenn, was Robert Zahn für sehr wahrscheinlich erklärt, die Provenienzangabe Megara zuverlässig ist; denn dann stammt es aus der Heimat des Maison. Jedenfalls ist es bei weitem älter als die neue Komödie. Dagegen gehört in die Blütezeit dieser Dichtungsgattung eine Terrakotta der Sammlung Lecuyer, die schon Winter zum Vergleich herangezogen hat (Fig. 25)[2]. Hier hält

[1] H. 0,155. Nach Kekule und Pernice, Ausgewählte Terrakotten Taf. 36. Auch bei Winter, Typen II S. 415, 3. Ich glaube immer und immer wieder den Kopf eines Aals zu erkennen; da dies aber von Robert Zahn bestritten wird, gebe ich diese Vermutung mit allem Vorbehalt.

[2] H. 0,14. Nach Collection Lecuyer pl. P 2; auch bei Winter a. a. O., II S. 425, 10, der die Zuverlässigkeit der Provenienzangabe bezweifelt. Cartault, der in dem Gesicht ein *vif mécontentement* und eine *expression furieuse* findet, denkt an den Sphenopogon.

Fig. 26. Fig. 27.

der Koch in beiden Händen einen Hahn, den er mit geheucheltem Mitleid zu betrachten scheint, während er ihm offenbar den Garaus machen will. Dieses Exemplar soll aus Pergamon stammen. Als dritten Vertreter stelle ich eine in Myrina gefundene Terrakotta des Berliner Antiquariums[1] dazu (Fig. 26). Dieser Maison trägt den dicken Blumenkranz des Symposions und hat sich eine Schürze vorgebunden, ist also eifrig bei der Arbeit, die er mit befriedigtem Schmunzeln begleitet. Die Geräte, die er in den Händen hielt, sind verloren; doch scheint es mir zweifellos, daß es eine Schüssel und ein Kochlöffel waren. Der Koch ist im Begriff, eine leckere Sauce anzurühren.

---

[1] H. 0,195. Vgl. Winter a. a. O. II S. 426, 4, der die Figur für einen Tympanonschläger hält.

Fig. 28.

Fig. 29.

Endlich dürfen wir den Maison auch in einer aus der Sammlung Mi- sthos stammenden, also vermutlich ebenfalls in Myrina gefundenen Fi- gur des athenischen Nationalmuseums[1] er- kennen (Fig. 27). Auch hier sind die Attribute abgebrochen, und das Motiv ist aus der Stellung und Armhaltung nicht mit solcher Bestimmtheit zu erraten, wie bei dem Berliner Exemplar. Vermutlich hat auch dieser Maison, bei dem übrigens auch der stattliche Bauch zu beachten ist, in der vorgestreckten Rechten wieder einen Lecker- bissen gehalten, den er seinem Partner wohlgefällig zeigt, einen Fisch, einen Vogel oder ein auserlesenes Gemüse. Mög- lich ist aber auch, daß er nur renommierte. Die prächtigste aller erhaltenen Maisonmasken ist aber die am Maskenfries des Gymnasiums von Pergamon angebrachte[2], die zugleich eine höchst wirkungsvolle Variante darstellt (Fig. 28). Mitten auf der Glatze ist nämlich noch ein kleiner Haarbüschel stehen ge- blieben, was die drastische Wir- kung ungemein erhöht.

Etwas Ähnliches bildete bei dem ausländischen Koch, dem Tettix, nicht die Ausnahme, sondern das Charakteristikum, nämlich zwei bis drei kleine schwarze Haarbüschel auf dem Kopf und eben solche am Kinn. Da wir nun diese beiden Kriterien an einer aus Pergamon stammenden Maske (Fig. 29) des Berliner Museums[3] beobachten können und auch noch das dritte von Pollux bezeugte Kriterium, das Schielen, hinzukommt, so ist es wohl über jeden Zweifel erhaben, daß wir hier den Tettix vor uns haben.

Zur Bestimmung des πορνοβοσκός dienen außer der starken oder vollständigen Glatze die zusammengezogenen Brauen und der grinsende Mund, ferner seine Ähnlichkeit mit dem Lyko-

---

[1]) Nach einer Institutsphotographie. Auch bei Winter a. a. O. II S. 427, 15. Mus. Nr. 5058 (Misth. 60). H. 0,182. „Gelbe Farbspuren an der rechten Hand, Hals, Gesicht und Glatze. Augensterne eingegraben. Am linken Schuh Reste von dunkler (blauer?) Farbe." Rodenwaldt.

[2]) Nach der Institutsphotographie Perg. 581. Vgl. W. Altmann, Ath. Mitt. XXIX 1904 S. 195 Fig. 28, Winter, Skulpturen von Pergamon VII 2 S. 315 Fig. 404 d.

[3]) H. 0,11. Früher bei Lecuyer; vgl. Collection Lecuyer pl. L 2; angeblich aus Pergamon. Cartault vergleicht die Terrakottaköpfchen aus Myrina (Bull. d. corr. Hell. V 1881 pl. 15, 1) und Pompeji (Rohden Terrakotten v. Pompeji Taf. XLI 4), die aber ganz kahl sind und des eigentlichen Charakteristikums, der drei Haarbüschel, entbehren. S. übrigens unsere Schlußvignette Fig. 128.

medeios, die wohl hauptsächlich in dem starken Bart und dem Ausdruck der πολυπραγμοσύνη zu suchen sein wird. Alles dies findet sich vereinigt in einer prachtvollen, leider etwas verstümmelten Maske aus Priene (Fig. 30)[1]. Und dieser Typus ist, wie zu erwarten war, unter den Terrakotten ungemein häufig. So besitzt das Berliner Antiquarium eine Terrakotta, die einen Zwerg mit abrasiertem Haupthaar vorstellt, der diese Maske des Bordellwirts auf dem Schoß hat (Fig. 31). Hier hält also ein Kahlkopf die Maske eines andern Kahlkopfs, die er grinsend, aber mit etwas stupidem Gesichtsausdruck betrachtet. Auf dem Contrast der beiden Gesichter, des prognathen des Zwergs mit den stark vorstehenden Stirn- und Backenknochen, der kolossalen Nase und dem breiten Mund, die an einen Affen erinnern, und des platten Gesichts des Bordellwirts mit der Stumpfnase und den lustig zwinkernden Augen, das eine gewisse Verwandtschaft mit einem bekannten Silenstypus zeigt, beruht die komische Wirkung. Und ebenfalls im Berliner Museum befindet sich das Fragment einer Replik dieser Terrakottafigur (Fig. 32). Von dem Zwerg sind nur das rechte Bein bis auf den Fuß und die rechte Hand erhalten; dagegen ist die Maske des Bordellwirts vollständig[2]. Und zwar ist diese diesmal mit einem jener dicken Blumenkränze geschmückt, wie man sie beim Symposion aufzusetzen pflegte und wie sie auch die drei oben (S. 10 f. Fig. 20—23) abgebildeten Terrakotta-Statuetten des θεράπων οὖλος tragen. Mit demselben Schmuck, aber in ganzer Figur und mit der Hypothymis in der einen Hand zeigt ihn eine im Louvre[3] befindliche Terrakottafigur aus Myrina (Fig. 33); er scheint eben von dem im Innern des Hauses stattfindenden Symposion aufgestanden zu sein, um einen wohlhabenden Klienten mit ausgestreckten Händen zu begrüßen.

Außerdem begegnen im Maskenkatalog noch vier ἀναφαλαντίαι: der Ἑρμώνιος A und der Σφηνοπώγων unter den älteren Männern, der κάτω τριχίας und der οὖλος unter den Sklaven. Von dem letzten war schon die Rede (s. S. 10 ff.); über den κάτω τριχίας erfahren wir außerdem nur noch, daß seine Augenbrauen erhoben waren, wodurch er sich vom Maison, dem er sonst ziemlich ähnlich gewesen sein muß, und ebenso vom οὖλος unterschied, der, wie die oben stehenden Bildwerke lehren (s. S. 10 ff. Fig. 20—22), ruhige Brauen hatte. Sonst bestand der Unterschied zwischen den beiden Sklaven offenbar im Haar, nach dem ja auch die Masken benannt sind: der eine hatte krause Locken, der andere schlichtes Haar. Diese drei Kriterien, Glatze, schlichtes Haar und hochgezogene Augenbrauen, habe ich bis jetzt nur bei einer Terra-

---

[1]) Nach Wiegand und Schrader, Priene S. 301 Abb. 447. H. 0,20.

[2]) Die Statuette ist 0,85 hoch und stammt aus Smyrna; auch das Fragment (L. 0,77) ist kleinasiatischer Herkunft.

[3]) H. 0,195. Pottier et Reinach, La nécropole de Myrina pl. XLVI, 4, danach unsere Abbildung. Auch bei Winter a. a. O. II S. 426, 2. Die Hypothymis ist auf keiner dieser beiden Abbildungen deutlich zu erkennen; aber S. Reinach, der die Figur übrigens als den Ἑρμώνιος A deutet, spricht von einem *fragment d' une lanière* und fügt hinzu, daß denselben Gegenstand der betrunkene Jüngling auf dem Neapler Relief (s. Fig. 85) halte. Da dies aber die Hypothymis ist, so scheint mir auch ohne Autopsie der Schluß berechtigt, daß der Gegenstand in der Hand dieses πορνοβοσκός ebenfalls eine verstümmelte Hypothymis ist.

Πορνοβοσκοί und *Κάτω τριχίας*.

Fig. 30.

Fig. 31.

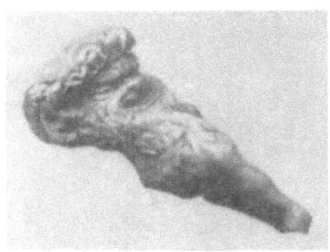

Fig. 32.

Fig. 33.

kottafigur aus Myrina finden können (Fig. 34)[1], die daher wohl als der *κάτω τριχίας* wird gelten dürfen. Höchst fidel steht er da, die rechte Hand perorirend vorgestreckt, als ob er dem Publikum eben eine lustige Geschichte oder einen gelungenen Anschlag erzählte, und so sieht man, daß das Hochziehen der Augenbrauen bei dieser Maske nicht Zorn, sondern freudiges Staunen ausdrückt.

Glatze und hochgezogene Brauen haben auch der erste Hermonios und der Sphenopogon, die sich voneinander dadurch unterscheiden, daß der Bart bei dem einen voll und kräftig ist, bei dem anderen aber den altertümlichen keilförmigen Schnitt zeigt, von dem die Maske ihren Namen hat. Außerdem trägt der Sphenopogon den Ausdruck der Verschlagenheit, während der Her-

Fig. 34.

[1] Bull. d. corr. hell. V 1881 pl. 15, Pottier et Reinach La nécropole de Myrina pl. XLV, danach unsere Abbildung. H. 0,115. In Konstantinopel. Auch bei Winter a. a. O. II S. 425, 1. Salomon Reinach hielt die Figur für den *οὖλος*.

Fig. 35.

Fig. 36.

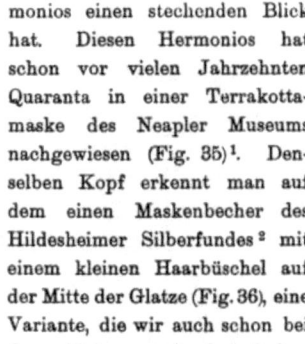

Fig. 37.

monios einen stechenden Blick hat. Diesen Hermonios hat schon vor vielen Jahrzehnten Quaranta in einer Terrakottamaske des Neapler Museums nachgewiesen (Fig. 35)[1]. Denselben Kopf erkennt man auf dem einen Maskenbecher des Hildesheimer Silberfundes[2] mit einem kleinen Haarbüschel auf der Mitte der Glatze (Fig. 36), eine Variante, die wir auch schon bei dem Maison gefunden haben (s. oben S. 15 Fig. 28), und vielleicht darf auch eine Terrakottamaske aus der Sammlung Misthos, die vermutlich aus Myrina stammt[3], als eine Weiterbildung des Hermoniostypus angesprochen werden (Fig. 37).

Die Maske eines Sphenopogon stellt ein Terrakottakopf des Berliner Museums (Fig. 38) vor[4]. Aber ist dies der Sphenopogon des Pollux? Der Kopf hat reiches lockiges Haar, aber der Pilos, der ihn bedeckt, macht eine sichere Entscheidung darüber, ob der Vorderschädel kahl war, nicht möglich, obgleich er so hoch sitzt, daß im anderen Fall doch wohl etwas von den Stirnhaaren zu sehen sein müßte. Bedenklich ist auch, daß die Augenbrauen zwar nach den Schläfen hin aufsteigen, jedoch in grader Linie, daß sie also eigentlich das nicht sind, was Pollux sonst mit ὀφρῦς ἀνατεταμέναι bezeichnet. Dieselbe Maske scheint nun auch auf dem einen Maskenbilde aus Casa del centenario[5], auf der das Hahnenopfer dargestellt ist, zu begegnen. Hier trägt sie der Schauspieler, der als listiger Beobachter im Hintergrund steht (Fig. 39). Auch bei ihr finden wir den Pilos, wenn auch in etwas anderer Form, nämlich mit breitem Rande. Und wieder kommt unter diesem Hut im Nacken volles Haar zum Vorschein, während man von Stirnhaaren nichts erkennt, obgleich die Kopfbedeckung auch hier weit nach hinten geschoben ist. Der spitze

---

[1] Museo Borbonico VII tav. XLIV 3; danach Wieseler, Theatergebäude Taf. V 39. Hier nach einer neuen Photographie, die ich der Liebenswürdigkeit V. Spinazzolas und V. Macchioros verdanke.

[2] Pernice und Winter, Hildesheimer Silberfund Taf. 13. Danach in unserer Abbildung etwas vergrößert.

[3] Mus. Nr. 5040. H. 0,13. Nach einer Institutsphotographie. „Über den Seitenlocken je ein Loch zum Aufhängen. Keine Farbspuren." Rodenwaldt.

[4] Inv. 7589. H. 0,095. Aus Tanagra.

[5] Dieterich Pulcinella Taf. 3. Danach unsere Abbildung.

Fig. 38.   Fig. 39.   Fig. 40.

Schnitt des Bartes scheint mir unverkennbar; einen breiten Vollbart würde man auch kaum in dieser Weise zusammenfassen können. Endlich sind diesmal die Augenbrauen wirklich hochgezogen, und das Gesicht hat den von Pollux bezeugten Ausdruck der Verschmitztheit. Wenn trotzdem auch bei dieser Figur die Beziehung auf den Sphenopogon vielleicht leisen Bedenken begegnen wird, so scheint mir jeder Zweifel ausgeschlossen bei einer myrinaeischen Terrakotte des Louvre[1], die alle von Pollux angegebenen Kriterien aufweist (Fig. 40) und dabei dasselbe volle Haar hat wie der Berliner Terrakottakopf und der Beobachter auf dem pompejanischen Bilde.

Glattgeschorenen Kopf haben zwei Greisenmasken, der erste Pappos und der zweite Hermonios. Solche rasierte Greisenköpfe mit starken Haar- und Bartstoppeln, an denen also in der Wirklichkeit die Haarfarbe noch zu erkennen war, werden bekanntlich von den Meistern der rotfigurigen Vasenmalerei zur Darstellung ganz alter Männer öfters verwandt. Ich erinnere an den Priamos der Meidiasvase[2] (Fig. 41) und den Pelias auf der Cornetaner

Fig. 41.   Fig. 42.

---

[1]) Pottier et Reinach, La nécropole de Myrina nr. 671. Winter a. a. O. II 425, 8. Die dieser Publikation zugrunde liegende Zeichnung ist mir von Kekule von Stradonitz für obige Textabbildung freundlichst zur Verfügung gestellt worden. H. 0,12.

[2]) Nach Furtwängler und Reichhold Griech. Vasenmalerei Taf. 34.

Olla[1] (Fig. 42). Im Gegensatz hierzu hat der erste Pappos der Komödie einen Vollbart. Diese Verbindung von Glatze und Vollbart zeigt nun eine boiotische Terrakotta im Dresdener Albertinum (Fig. 44. 45)[2], und da auf diesen freundlichen alten Herrn auch die übrigen Angaben des Pollux: ἡμερώτατος τὰς ὀφρῦς und τὸ μέτωπον ὑπόφαιδρος passen, dürfen wir in ihm wohl unbedenklich den ersten Pappos erkennen. Die Haarstoppeln, etwa durch Einritzung, angedeutet zu finden wird man bei einer Terrakotta nicht erwarten; ob sie einst durch aufgemalte Punkte angegeben waren, läßt sich nicht mehr feststellen; nötig war es jedenfalls nicht. Das gerade

Fig. 43.

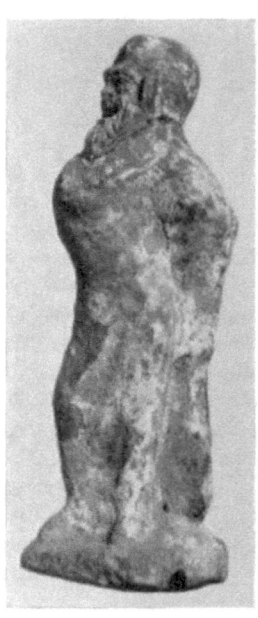

Fig. 44.   Fig. 45.

Gegenteil von dieser Figur ist eine angeblich aus Korinth stammende Terrakotta (Fig. 43) im Berliner Antiquarium[3], bei der sich dieselbe Verbindung von vollständiger Glatze und Vollbart findet, aber die Augenbrauen hochgezogen sind und das Gesicht einen zwischen Trauer und Verschlagenheit die Mitte haltenden Ausdruck hat. Das paßt so vortrefflich auf den zweiten Pappos, der als λυπηρός bezeichnet wird, daß wir diesen gewiß hier vor uns haben. Zwar macht Pollux über sein Haar und seine Brauen keine Angabe; aber daß jenes wie beim

---

[1]) Nach Ann. d. Inst. XLVIII 1873 tav. d. agg. F.
[2]) Nach zwei Georg Treu verdankten Photographien. H. 0,10. Auch bei Winter a. a. O. II 420, 2. Vgl. Arch. Anz. 1894 S. 33 Nr. 32.
[3]) Inv. 7644. H. 0,10. Vgl. Winter a. a. O. II 420, 4.

ersten Pappos abrasiert war, darf man doch wohl aus der Gleichheit der Namen schließen, und ein λυπηρός muß auch notwendig τὰς ὀφρῦς ἀνατεταμένος sein, wie die Berliner Terrakotta.

Dagegen vermag ich den zweiten Hermonios, der zu geschorenem Haar einen Spitzbart trägt und sich von dem kahlköpfigen und die Augenbrauen hochziehenden Sphenopogon nur durch den freundlichen Gesichtsausdruck zu unterscheiden scheint, unter den Illustrationen der neueren Komödie bis jetzt nicht nachzuweisen. Um so häufiger ist er unter den Terrakotten, die Schauspieler der alten Komödie oder Dikelisten darstellen und die ich in diesem Falle schon jetzt vorgreifend heranziehen will, um die Beschreibung des Pollux zu veranschaulichen. Ich setze zwei Beispiele her, von denen das eine den zweiten Hermonios als Hydriaphoren (Fig. 46), das andere als wandernden Händler (Fig. 47) zeigt [1].

Fig. 46.

Bei sieben Masken fehlen in dem Verzeichnis Angaben über die Haartracht völlig. Es sind dies der zweite Pappos unter den Alten, der νεανίσκος μέλας, der κόλαξ, der παράσιτος, der εἰκονικός und der Σικελικός unter den Jünglingen und der θεράπων πάππος unter den Sklaven. Wieder sind wir vor die Frage gestellt, ob dies Schuld des Epitomators ist oder ob es Pollux dem Leser überlassen durfte, die Haartracht dieser Masken aus dem Zusammenhang zu erschließen. Ich vermute, daß die Sache in den einzelnen Fällen verschieden liegt. Wenn von dem Haar des zweiten Pappos nur gesagt wird, daß es feuerrot ist, so läßt sich daraus ohne weiteres entnehmen, daß dies bei dem ersten Pappos nicht der Fall war, sondern dessen Haarstoppeln grau oder weiß waren. Und wenn umgekehrt bei dem zweiten Pappos die Angabe über die Haartracht fehlt und bei der dritten Maske, dem ἡγεμὼν πρεσβύτης, die στεφάνη τριχῶν überhaupt zum ersten Male genannt wird, so liegt

Fig. 47.

der Schluß wenigstens außerordentlich nahe, daß der zweite Pappos keine Stephane trug [2].

---

[1] Beide Abbildungen wieder nach den von Kekule von Stradonitz zur Verfügung gestellten Originalzeichnungen, die auch der Publikation von Winter zugrunde liegen. — Fig. 46 (Winter a. a. O. II S. 414, 7) in Kopenhagen. H. 0,09. Fig. 47 (Winter 415, 7) aus Athen, in München. H. 0,117. — Worauf die Behauptung von A. Körte Arch. Jahrb. VII 1893 S. 80 Nr. 42 und 44 basiert, daß die beiden Figuren Sklaven darstellen, vermag ich nicht anzugeben. Leider ist sie in bezug auf Fig. 47 auch von Dieterich Pulcinella S. 154 A. 3 nachgesprochen worden.

[2] Ganz bündig ist dieser Schluß freilich nicht. Denn, wie wir gleich sehen werden, wird in dem Katalog der Jünglingsmasken die einzelne Stirnfalte erst bei der dritten Maske erwähnt, während sie auch der

Fig. 48.   Fig. 49.   Fig. 50.

Und in diesem Falle bringt die Berliner Terrakotta (S. 20 Fig. 43) die monumentale Bestätigung; denn sie hat uns gelehrt, daß der zweite Pappos, wie der erste, ein ἐν χρῶι κουρίας war. Suchen wir dies für die fünf Masken der vornehmen Jünglinge zu verwerten. Der erste, der πάγχρηστος, hat die Stephane, der dritte, der οὖλος, natürlich nicht. Dagegen wird sie wieder für den vierten und fünften, den ἁπαλός und den ἄγροικος, bezeugt. Nach der beim zweiten Pappos befolgten Methode müßten wir also schließen, daß auch der μέλας die Stephane trug. Und in der Tat scheinen die Monumente das zu bestätigen. Die Jünglingsmaske, an der wir oben (S. 4 Fig. 3 und 6) das Aussehen der Stephane demonstriert haben, kann nämlich mit keiner der drei Jünglingsmasken, für die bei Pollux die Stephane ausdrücklich bezeugt wird, identisch sein; mit dem πάγχρηστος nicht, denn seine Brauen sind nicht ἀνατεταμέναι, sondern καθειμέναι; mit dem ἄγροικος nicht, denn dieser hatte eine Stumpfnase und wulstige Lippen; aber auch mit dem jüngsten und zartesten, dem ἁπαλός, nicht, denn dem widerspricht der ganze Ausdruck, vor allem die Falte auf der Stirn. Also kann es nur die Maske sein, für welche die Beschreibung des Pollux die Stephane zwar nicht ausdrücklich bezeugt, aber doch nicht ausschließt, der μέλας, und das, obgleich die einzelne Falte auf der Stirn, durch die er sich vom πάγχρηστος unterscheidet, der mehrere Falten hat, erst bei der folgenden dritten Maske, dem οὖλος, angegeben wird, und nicht schon bei der zweiten, dem μέλας, wie man doch erwarten sollte. Aber dieser Fehler fällt doch wohl dem Epitomator zur Last, ebenso daß im folgenden die Stephane des zweiten Episeistos, die wir durch die Bildwerke (s. S. 7 Fig. 13) kennen gelernt haben, verschwiegen wird, und daß bei den letzten vier Jünglingsmasken — wir wollen sie vorgreifend schon jetzt Charaktermasken nennen — über die Haartracht überhaupt

---

zweiten eignet, und in dem Katalog der Sklavenmasken wird die Speira erst für die zweite Maske bezeugt, während auch die erste damit ausgestattet war. S. unten S. 25.

Parasit und Schmeichler. 23

Fig. 51.

nichts gesagt wird. Doch hier können wenigstens zum Teil die Bildwerke helfen. Eine sichere Darstellung des Parasiten bietet uns nämlich dasselbe Gemälde aus Casa della grande fontana, dem wir schon die Kenntnis des στρατιώτης ἀλαζών verdanken (s. oben S. 5). Ich setze die Figur wieder nach den drei Zeichnungen her (Fig. 48, 49, 50); in allen ist die Stephane unverkennbar, bei Micali, Zahn (Fig. 48) und Gell (Fig. 49) ist sie sogar ausgezeichnet wiedergegeben, während der Zeichner des Museo Borbonico (Fig. 50), wie fast stets, interpoliert hat. Ich bezeichne aber die Figur als den Parasiten[1], weil der Schmeichler, der außerdem allein noch in Betracht kommen könnte, hochgezogene Augenbrauen und einen mechanteren Gesichtsausdruck haben

Fig. 52.

müßte. Diese Maske des Schmeichlers scheint uns nun in einer Terrakottafigur aus der Sammlung Misthos, jetzt im athenischen Nationalmuseum[2], vorzuliegen (Fig. 51. 52); wenigstens treffen die von Pollux angegebenen Kriterien auf sie zu; sie hat die Brauen, allerdings nur die rechte, hochgezogen[3], einen intriganten Gesichtsausdruck, der vor allem in der Vorderansicht zur

---

[1]) Seltsamerweise hat Becchi im Text des Museo Borbonico die Figur für einen Sklaven erklärt, und Wieseler Theatergebäude S. 83 und andere haben ihm das nachgesprochen, als ob, ganz abgesehen von der Maske, eine solche Drapierung des Mantels und eine Körperhaltung von so gesuchter Eleganz bei einem Sklaven denkbar wären. K. O. Müllers Gedanke an den Eunuchen des Terenz oder, wie es wohl gemeint ist, dessen griechische Vorlage, den Kolax des Menander, wird dem dargestellten Vorgang durchaus gerecht, und Wieselers Einwendungen verdienen durchaus nicht das Lob, das ihnen mein Freund Helbig vor vielen Jahren in seinen Wandgemälden gespendet hat. Nur das ist daran wahr, daß ähnliche Szenen auch in anderen Komödien als dem Kolax vorgekommen sein werden.

[2]) Nach einer Institutsphotographie. Mus. Nr. 5027 (Misth. 544). H. 0,185. Auch bei Winter a. a. O. II S. 429, 6. „Gelb an den Beinen und am rechten Trikotärmel, Rot im Mund; Gesicht und Hals rötlich, dunkle Farbe an den linken Seitenlocken, dunkelrot neben der rechten Hand, Spuren von Orangegelb am Mantel" Rodenwaldt.

[3]) S. darüber unten bei Besprechung der irregulären Masken.

Geltung kommt, und eine Hakennase (ἐπίγρυπος). Vor allem aber trägt sie Stlengis und Lekythos, die nach Pollux das Bühnenattribut der Parasiten sind[1]. Nun sehen wir also zu unserer Überraschung, daß der Kolax keine Stephane trägt wie der Parasit, sondern eine von langem schlichtem Haar umgebene Glatze hat[2]. Wenn davon in unserem Pollux-Text so wenig etwas zu lesen ist wie von der Stephane des Parasiten, so dürfen wir dafür unbedenklich den Epitomator verantwortlich machen.

Fig. 53.

Den Sikelikos nennt Pollux den dritten Parasiten; wer ist nun der zweite, der Kolax oder der zunächt noch ganz rätselhafte Eikonikos? Ich habe mich im vorhergehenden bereits stillschweigend für den Kolax entschieden, weil der Eikonikos ein Fremder und ein Elegant — das ist doch wohl mit εὐπάρυφος gemeint — ist, was beides für einen Parasiten nicht recht paßt[3]. Über die Haartracht des Sikelikos wissen wir also nichts; die Maske des Eikonikos aber hoffe

---

[1]) IV 120 τοῖς δὲ παρασίτοις πρόσεστι καὶ στλιγγὶς καὶ λήκυθος; vgl. den Gelasimus in Plautus Stich. 230 ss, (vendo) robiginosam strigilem, ampullam rubidam, und den Saturio im Persa 123 s. cynicum esse egentem oportet parasitum probe: ampullam, strigilem .... habeat, und dazu Leo Hermes XLI 1906 S. 441 ff. Also zunächst als Zeichen der Armut, daher das viel besprochene αὐτολήκυθος (Demosth. LIV 14, 16; Luc. Lexiph. 10; Harpokration s. v.; Poll. X 62) wahrscheinlich von Anfang an den Parasiten bezeichnet, der nichts sein nennt als die Lekythos; wenigstens steht es sicher in diesem Sinne bei Plutarch de adulatore et amico 50 C: τοὺς αὐτοληκύθους τούτους λεγομένους καὶ τραπεζέας καὶ μετὰ τὸ κατὰ χειρὸς ὕδωρ ἀκονομένους ὥς τις εἴπε, wo allerdings der Parasit κατ' ἐξοχὴν im Gegensatz zu dem ἀληθινὸς κόλαξ und μετὰ δεινότητος καὶ τέχνης ἁπτόμενος τοῦ πράγματος, wie ihn uns gerade die athenische Terrakotta repräsentiert, gemeint ist. Über diesen unten mehr bei der Charakterisierung der einzelnen Masken. Natürlich deuten aber Lekythos und Stlengis zugleich auch an, daß der Parasit die Palästra besucht — daher auch seine Pankratiastenohren (s. unten S. 31) — wo er, wenn er sich an den Übungen seines βασιλεύς beteiligt, ein ausgiebiges Feld hat, sein Metier zu betätigen; vgl. Plutarch a. a. O. 52 C: τῶι δὲ συμπαλαίων καὶ συγκονιόμενος. S. auch Giese de parasiti persona, Diss. Kil. 1908 p. 35.

[2]) Nach der Abbildung bei Winter könnte man freilich an eine Stephane denken. Aber was die beiden Photographien lehren, wird mir noch ausdrücklich von Rodenwaldt brieflich bestätigt: „eine stark vorspringende und gewölbte Stirn, neben der die Seitenlocken glatt in die Fläche des Kopfes übergehen. Die Oberfläche des Kopfes ist nicht ganz gleichmäßig, aber es ist keine Spur einer nach vorne oder hinten irgendwie abgesetzten Stephane".

[3]) Dagegen zählt Wieseler a. a. O. S. 77 den Eikonikos zu den Parasiten.

Der θεράπων πάππος. 25

Fig. 54.

ich später mit Hilfe eines anderen Kriteriums wie der Haartracht, bildlich nachzuweisen.

Von dem θεράπων πάππος sagt Pollux, daß es die einzige Sklavenmaske sei, die graues Haar habe, und daß sie den Freigelassenen bezeichne. Nun erscheint in der einen Komödienszene auf dem Fries der Casa del centenario[1] ein Sklave *columnam mento suffigens suo*, dessen listiges Gesicht von zahlreichen Runzeln durchzogen ist (Fig. 53), also gewiß der πάππος. Das Haar aber bildet deutlich eine Speira, womit die Frage nach der Haartracht dieser Maske gelöst ist. Auf dieselbe Benennung hat aber auch der Sklave Anspruch, der auf dem einen Komödienbilde im Atrium desselben Hauses[2] beobachtend aus der Tür blickt und der deutlich eine Speira von weißen Haaren trägt (Fig. 54). Allerdings ist der Gesichtsausdruck verschieden und das Antlitz weniger runzlig, so daß man an eine Variante denken könnte, wie wir sie schon beim Hermonios und beim Lykomedeios gefunden haben (s. S. 9. S. 18). Aber es kommt auch die ganz verschiedene Situation in Betracht, und man muß berücksichtigen, daß die pompejanischen Maler, wie übrigens auch die Maler der Phlyakenvasen, der Situation auch durch den Ausdruck, den sie der Maske geben, Rechnung zu tragen pflegen[3]. Daher sind die pompejanischen Bilder für die hier behandelten Fragen bei weitem nicht so zuverlässige Zeugen wie die Terrakotten, die Reliefs und vor allem die Einzelmasken und Maskengruppen.

Über die Farbe des Haares finden sich folgende Angaben: grau ist, wie wir eben sahen, der θεράπων πάππος, meliert der νεανίσκος εἰκονικός, schwarz der ἐπίσειστος A und der θεράπων Τέττιξ. Dagegen kann man bei dem νεανίσκος μέλας, dem παράσιτος und dem κόλαξ im Zweifel sein, ob von schwarzem Teint oder von schwarzem Haar die Rede ist. Ich halte aber letzteres für das wahrscheinlichere; denn da unter den Jünglingen der ἄγροικος schwarze Hautfarbe hat,

---

[1]) Monumenti dell' Instituto XII tav. 82, danach unsere Abbildung. Vgl. Maaß Ann. d. Inst. LII 1881 p. 136, der aus mir unverständlichen Gründen Bedenken zu haben scheint, hier einen Sklaven anzuerkennen.

[2]) Dieterich Pulcinella Taf. 2. Danach unsere Abbildung. Dieterich S. 15 wollte auf dem Kopf eine weiße Mütze erkennen. Diese sei spitz, und am Kopf sei ihr Rand umgerollt, so daß nur die niedere Spitze des weichen Spitzhuts über dem Kopfe übrig bleibe; die seiner Publikation zugrunde liegende Zeichnung Sikkardts gebe dies nicht deutlich wieder. Da diese Zeichnung von August Mau revidiert war, wird man diese Behauptung schon a priori für sehr unwahrscheinlich halten. Ich habe das Bild noch in sehr gutem Erhaltungszustande gesehen und kann versichern, daß es sich um nichts anderes handelt als schlecht und recht um die Speira, wie sie auch auf Sikkardts Zeichnung deutlich zu erkennen ist.

[3]) Vgl. meine Bemerkung im Bullettino dell' Instituto 1875 p. 50 n. 1.

4

wäre μέλας im Sinne von „gebräunt" keine genügende Charakteristik für die zweite Jünglingsmaske. Was aber von diesem gilt, das wird man auch von dem Schmeichler und dem Parasiten gelten lassen müssen. Blondheit wird nur für den zweiten Episeistos bezeugt.

Feuerrotes Haar haben von den Alten der zweite Pappos und von den Sklaven der Maison, ferner der θεράπων ἡγεμών, der κάτω τριχίας und der οὖλος, denen wir doch wohl auch den ἡγεμὼν ἐπίσειστος anschließen dürfen; denn wenn Pollux von diesem sagt, daß er dem θεράπων ἡγεμών in allem gleiche bis auf die Haare, so hat er dabei, wie der Name der Maske lehrt, vor allem die Anordnung im Auge, schwerlich auch die Farbe (vgl. oben S. 7). Somit ist bei allen Sklavenmasken das Haar feuerrot mit Ausnahme des ergrauten Pappos und des schwarzen Tettix. Von den Jünglingsmasken haben der μέλας, der erste ἐπίσειστος, der Parasit und der Schmeichler schwarzes, der zweite ἐπίσειστος blondes Haar; für die übrigen sechs Masken fehlen die Angaben[1]. Was die Greisenmasken angeht, so versteht es sich wohl von selbst, daß die Haarstoppeln und der schöne Vollbart des ersten Pappos weiß oder grau waren, wie bei dem zweiten Pappos feuerrot. Und ebenso liegt es in der Natur der Sache, daß die übrigen Greisenmasken schwarzes oder dunkeles Haar hatten[2].

Wir schließen hier gleich die Besprechung der Bartformen an. Es mag schon jetzt hervorgehoben werden, daß alle Masken von Γέροντες Bärte haben, und daß dies überhaupt das maßgebende Kriterium für die Zuteilung zu dieser Kategorie ist. Nach der Form dieser Bärte werden sie als μακροπώγων (4), εὐπώγων (4. 5), μακρογένειος (7), εὐγένειος (1. 2) einerseits, und als σφηνοπώγων (6. 9), ὀξυγένειος (6) andrerseits bezeichnet. Denn daß in beiden Fällen der Wechsel der Componenten rein stilistisch ist, erhellt daraus, daß der γέρων μακροπώγων als εὐπώγων und der γέρων σφηνοπώγων als ὀξυγένειος geschildert wird. Pollux unterscheidet also nur zwei Bartformen, den breiten Vollbart und den Spitzbart. Für jenen vergleiche man oben Fig. 5, 11, 30—33, 35—37, 43—45, 53 usw., für diesen Fig. 38—40, 46—48. Bei drei Gerontenmasken wird der Bart nicht ausdrücklich angegeben, dem zweiten πάππος, dem πρεσβύτης ἡγεμών und dem πορνοβοσκός. Aber für diesen ergibt sich die Bärtigkeit daraus, daß er, abgesehen von dem Gesichtsausdruck und der Glatze, mit dem Lykomedeios übereinstimmt, für die beiden ersten darf sie als selbstverständlich vorausgesetzt werden, und für alle drei wird sie durch die Bildwerke verbürgt.

---

[1] Von den entsprechenden Masken der Tragödie (Poll. IV 135 s.) haben der οὖλος, der ἁπαλός und der πιναρός, den wir wohl zu dem ἄγροικος in Parallele stellen dürfen, blondes, dagegen der πάγχρηστος schwarzes Haar, wie in der Komödie der μέλας, welche Maske der Tragödie, wenigstens nach Pollux, gefehlt zu haben scheint. Von den übrigen vier Jünglingsmasken hat sicherlich noch eine, der ὠχρός, blondes Haar, und bei zweien, dem πάρουλος und dem δεύτερος πιναρός, ist dies gleichfalls so gut wie bezeugt, während der πάρωχρος schwarzes Haar gehabt zu haben scheint wie der πάγχρηστος. Bei den tragischen Jünglingsmasken hat somit das Blond bei weitem vorgeherrscht.

[2] Von den entsprechenden Tragödienmasken (Poll. IV 133 s.) hat die erste weißes, die zweite graues, die dritte meliertes, die vierte schwarzes, die fünfte und sechste blondes Haar. Diese beiden letzten werden aber als ἄνδρες bezeichnet.

Eikonikos. 27

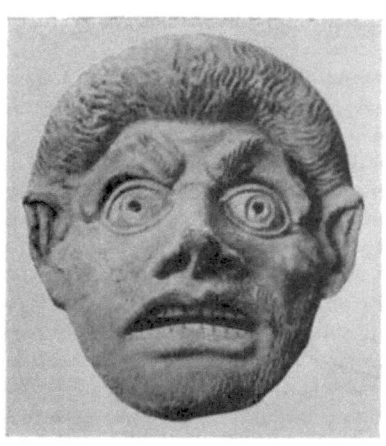

Fig. 55.

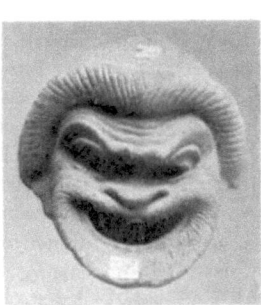

Fig. 56.

Fig. 57.

Von den Jünglingsmasken ist keine bärtig; doch ist der Eikonikos rasiert: ἀποξυρᾶται τὸ γένειον, d. h. die Bartstoppeln waren an der Maske scharf markiert, wie die Haarstoppeln bei den ἐν χρῷ κουραί. Mit Hilfe dieses seltsamen und augenfälligen Kriteriums können wir den Eikonikos in einer Maske der Sammlung Lecuyer (Fig. 55) erkennen[1]. Wir lernen aus ihr, daß er, wie die meisten anderen Jünglinge, das Haar zu einer Stephane aufgebunden trug und ein ἀνατεταμένος und σιμός war. Auf Namen- und Charakter dieser Maske komme ich unten zurück.

Bei den Sklavenmasken ist, abgesehen vom Tettix, von einem Bart niemals die Rede. Man würde daraus schließen, daß diese durchweg unbärtig waren, und im großen und ganzen wird dies auch durch die Bildwerke bestätigt. Doch kommt es nicht selten vor, daß in dem die Lippen umgebenden großen Trichter, der für die Masken der Sklaven und der Alten charakteristisch ist, feine Barthaare durch Bemalung oder Einritzung angegeben sind, so bei den oben S. 4 Fig. 2 und 4 abgebildeten Exemplaren des θεράπων ἡγεμών, bei dem am längsten bekannten Vertreter dieses Typus, einer Terrakottamaske im Neapler Museum, die ich hier endlich (Fig. 56) nach einer Spinazzola und Macchioro verdankten Photographie authentisch publizieren kann[2], und bei einem prächtigen

---

[1] Collection Lecuyer F 2. Aus Kyme. H. 0,16. Cartault denkt an den νεανίσκος ἄγροικος, für den die Stephane und die Stumpfnase bezeugt sind. Aber es fehlt der Maske das dritte Kriterium, die γνάθη πλατεῖα. Auch ist sie für den Bauernburschen zu alt; dieser könnte wohl Ἴουλος, aber keine rasierten Bartstoppeln haben. Aber richtig ist, daß die Masken des ἄγροικος und des εἰκονικός die nächsten Verwandten sind; s. die unten S. 35 folgende Tabelle.

[2] Museo Borbonico VII 44; nach dieser charakterlosen Publikation bei Wieseler Theatergebäude V 40 und in den meisten neueren Schriften über griechisches Bühnenwesen wiederholt. H. 0,21. Die Provenienz ist, wie mir Macchioro mitteilt, unbekannt.

4*

Fig. 58.

Terrakottakopf des θεράπων οὖλος (Fig. 57) im Berliner Antiquarium [1]. Dies ist aber etwas ganz anderes als die langen vom Kinn herabhängenden Bärte der Greisenmasken. Daß es indessen auch Sklavenmasken mit solchen Bärten gab, werden wir später sehen. Aber in der Liste des Pollux fehlen sie.

Mindestens so viel wie Bart und Frisur, mußte auf der Bühne der Gesichtsausdruck zur Charakteristik der Maske beitragen. Dieser wird in erster Linie bestimmt durch Stirn, Brauen und Augen, in zweiter durch den Mund und die Form von Nase und Ohren.

Um mit den Augenbrauen zu beginnen, so sind bekanntlich bei den komischen Masken die Augenbrauen häufig in die Höhe gezogen, was dem Antlitz den Ausdruck eines ungeheueren Staunens, zuweilen auch eines unbändigen Zorns verleiht. Solche ὀφρῦς ἀνατεταμέναι oder, wie es einmal bei einer Sklavenmaske heißt, ἐπηρμέναι bezeugt Pollux für den ersten Hermonios und den Sphenopogon unter den Alten, den πάγχρηστος und den οὖλος unter den Jünglingen und den κάτω τριχίας unter den Sklaven. Vier von diesen Masken haben wir bereits in Bildwerken nachgewiesen und dabei die Angabe des Pollux bestätigt gefunden; den ersten Hermonios S. 18 Fig. 36—37, den Sphenopogon S. 19 Fig. 38—40, den νεανίσκος οὖλος S. 8 Fig. 14. 15 und den θεράπων κάτω τριχίας S. 17 Fig. 34. Es fehlt nur noch der νεανίσκος πάγχρηστος, zu dessen Bestimmung außer den hochgezogenen Brauen noch die Stephane und die runzlige Stirn als Fingerzeige dienen können. Auf diese Kriterien hin trage ich jetzt kein Bedenken mehr, ihn in dem Liebhaber auf dem einen pompejanischen Gruppenbild zu erkennen Fig. 58 [2]. Denn wenn es mich früher gegen die Identifikation bedenklich gemacht hat, daß die Runzeln nicht einzeln angegeben sind, so wird das durch den traurig besorgten Ausdruck, der auf dem Antlitz liegt, reichlich ersetzt. Auch wollen wir nicht vergessen, daß der pompejanische Maler nicht den Pollux oder dessen Gewährsmann illustrieren will, sondern daß er eine wirkliche Maske kopiert. Andrerseits stimmt die gelbbraune Gesichtsfarbe, die ich mir, als das Bild noch ganz frisch war, notiert habe, zu dem ὑποκεχυωσμένος des Pollux. Auch der ἡγεμὼν θεράπων zieht die Augenbrauen in die Höhe, aber zugleich die Stirnhaut zusammen; auch dies wird durch die Bildwerke bestätigt; denn es wird dem Leser nicht entgangen sein, und ich habe es eben stillschweigend vorausgesetzt, daß die Masken, an denen wir oben das Aussehen einer Speira (S. 4 Fig. 2 und 4) und kurz vorher die diskrete Andeutung des Bartes demonstriert haben (S. 27 Fig. 55), den ἡγεμὼν θεράπων vorstellen. Und da nun der θεράπων ἐπίσειστος sich von ihm nur durch die Haare unterscheidet, so dürfen wir die gleiche Stellung der Augenbrauen auch für diesen annehmen, was durch die Darstellung dieser Maske auf dem Neapler Relief (S. 6 Fig. 12) bestätigt wird. Ein berühmter Trick ist es nun, die Maske so zu bilden, daß sie nur die eine Augenbraue in

---

[1] T. I. 6957. Aus der Sammlung Komnos. H. 0,07. Nach neuer Photographie.
[2] Arch. Zeit. XXXVI 1878 Taf. 5, 2 S. 23.

Stellung der Augenbrauen.

Fig. 59.

die Höhe zieht, wodurch die beiden Gesichtshälften einen ganz verschiedenen Ausdruck erhalten. In einer bekannten, schon von Lessing[1] erläuterten Stelle des Quintilian wird dies folgendermaßen geschildert XI 3, 74: *pater ille cuius praecipuae partes sunt, quia interim concitatus interim lenis est, altero erecto altero composito est supercilio atque id ostendere maxime latus actoribus moris est, quod cum iis quas agunt partibus congruat.*

Fig. 60.

Eine köstliche Vorstellung hiervon gibt eine Terrakottamaske des Museo Jatta, die ich schon vor vielen Jahren besprochen habe, ohne sie zu publizieren[2]. Heute kann ich sie nach einer trefflichen Zeichnung von Ludwig Otto, die mir Kekule von Stradonitz in großer Liebenswürdigkeit zur Verfügung gestellt hat, hier abbilden (Fig. 60). Zwar läßt sie sich mit keiner der von Pollux beschriebenen ohne weiteres identifizieren, stimmt aber insofern zu dessen Angabe, als die hochgezogene Braue die rechte ist. Pollux bezeugt dies nämlich für den πρεσβύτης ἡγεμών, welchen bühnentechnischen terminus Quintilian offenbar mit den Worten: *pater ille cuius praecipuae partes sunt* übersetzen will. Noch im Parisinus des Terenz ist diese Eigentümlichkeit bei dem Simo in dem Maskenscrinium der Andria[3] gewissenhaft wiedergegeben (Fig. 59), während sie sich sonst bei den Masken, die den Anspruch erheben können, für solche des ἡγεμὼν πρεσβύτης zu gelten, nicht findet. Wie das zu erklären ist, darüber weiter unten. Sonst erwähnt Pollux diese Eigentümlichkeit nur noch bei dem Lykomedeios, ohne jedoch anzugeben, welche von beiden Brauen die hochgezogene ist: ἀνατείνει τὴν ἑτέραν ὀφρῦν: dadurch kann man auf den Gedanken kommen, daß es beliebig die rechte oder die linke sein konnte, und in der Tat hat von den beiden oben (S. 9) nachgewiesenen Typen dieser Maske der eine (Fig. 16 und 17) die linke, der andere (Fig. 18 und 19) die rechte Braue in die Höhe gezogen. Das Hochziehen der rechten Braue haben wir oben bei der Terrakottastatuette des Kolax konstatiert (S. 23 Fig. 51 und 52), während es bei Pollux von ihm: ἀνατέταται κακοηθέστερον τὰς ὀφρῦς heißt. Wie typisch aber das Hochziehen der Brauen überhaupt bei den komischen Masken war, zeigt sich recht deutlich darin, daß Pollux bei dem πρεσβύτης μακροπώγων, der allerdings zwischen zwei ἀνατεταμένοι, dem ἡγεμὼν πρεσβύτης und dem ersten Hermonios, rangiert, ausdrücklich hervorhebt: οὐκ ἀνατέταται τὰς ὀφρῦς. Dasselbe wird von dem νεανίσκος μέλας (s. oben S. 4 Fig. 3 und 6) durch καθειμένος τὰς ὀφρῦς, von dem ersten Pappos (s. S. 20 Fig. 44 und 45) durch ἡμερώτατος τὰς ὀφρῦς ausgesagt. Von dem Bordellwirt heißt es: συνάγει τὰς ὀφρῦς, was doch gewiß dasselbe besagen soll wie συνάγει τὸ ἐπισκύνιον bei dem ἡγεμὼν θεράπων. Aber während dieser, wie wir sahen (S. 28), zugleich die Augenbrauen hochzieht, wird hiervon bei

---

[1] Leben des Sophokles (VI 336 f. Lachm.).
[2] Bull. d. Inst. 1875 p. 34, Arch. Zeit. XXXXVI 1878 S. 28.
[3] Nach Omont a. a. O. fol. 2. Das ganze Scrinium bilde ich weiter unten ab (Fig. 108).

dem πορνοβοσκός nichts gesagt. Er scheint daher καθειμένος τὰς ὀφρῦς gewesen zu sein, und das bestätigen in der Tat die oben auf ihn bezogenen Terrakotten (s. S. 17 Fig. 31—33) mit Ausnahme der Maske von Priene (Fig. 30), die einen ἀνατεταμένος darstellt. Über dieses Schwanken weiter unten mehr.

Bei zwei Greisen-, sechs Jünglings- und vier Sklavenmasken fehlen hingegen die Angaben über die Stellung der Augenbrauen ganz. Es sind dies der zweite Pappos und der zweite Hermonios, der νεανίσκος ἁπαλός und der νεανίσκος ἄγροικος, beide ἐπίσειστοι, der εἰκονικός und der Σικελικός, endlich der θεράπων πάππος, der θεράπων οὖλος und die beiden Köche. Da wir aber die Mehrzahl dieser Masken schon in Bildwerken kennen gelernt haben, können wir die Lücken der Beschreibung mit deren Hilfe ergänzen. Sie lehren, daß der zweite Pappos (S. 20 Fig. 43) die Brauen ein wenig in die Höhe zog, aber nicht so hoch, daß man von einem ἀνατείνεσθαι sprechen kann. Denkbar wäre, daß der technische terminus für dieses Mittelstadium ἐπῃρμένος ist, was Pollux bei dem κάτω τριχίας gebraucht. Allerdings sind an dem einzigen bis jetzt bekannten Repräsentanten dieser Maske (S. 17 Fig. 34) die Augenbrauen stärker emporgezogen als bei dem zweiten Pappos, indessen doch bei weitem nicht so hoch wie beim θεράπων ἡγεμών, von dem Pollux ἀνατεταμένος gebraucht. Den zweiten Hermonios haben wir bis jetzt nur in seiner älteren Gestalt kennen gelernt; hier hat dieser freundliche Herr ganz horizontal stehende Augenbrauen (S. 21 Fig. 46 und 47) καθειμένα, wie Pollux, compositi, wie Quintilian sagt, und es ist wohl die nächstliegende Annahme, daß er diese auch in der neueren Komödie behalten hat. Von den beiden ἐπίσειστοι hat der erste, der ἀλαζὼν στρατιώτης, wie das pompejanische Bild (S. 5 Fig. 7. 8. 9) lehrt, hochgezogene Brauen, die ja auch noch heute für den Renommisten charakteristisch sind, der zweite nach Ausweis des Neapler Reliefs (S. 7 Fig. 13) dagegen nicht[1]. Auch den εἰκονικός lehrt uns die Terrakottamaske Lecuyer (S. 27 Fig. 55) als einen ἀνατεταμένος kennen; als eben solcher erscheint der θεράπων πάππος auf den pompejanischen Bildern (S. 24 Fig. 53 und S. 25 Fig. 54). Dagegen ist der vergnügte θεράπων οὖλος, wie die drei Terrakottastatuetten (S. 10 f. Fig. 20—22) und die Berliner Maske (S. 27 Fig. 57) erkennen lassen, ein καθειμένος τὰς ὀφρῦς, so daß die drei jüngeren Sklavenmasken bezüglich der Stellung der Brauen eine Art Klimax bilden: οὖλος, κάτω τριχίας, ἡγεμών. Endlich hat von den beiden Köchen der Maison gerade, der Tettix hochgezogene Augenbrauen (S. 13 ff. Fig. 24—29). Die Jünglingsmasken ἁπαλός und ἄγροικος sowie die Parasitenmaske des Σικελικός haben wir im Bilde noch nicht kennen gelernt. Doch versteht es sich eigentlich von selbst, daß der ἁπαλός, dieser λευκός, σκιατροφίας, πάντων νεώτατος, gerade Brauen hatte, und an diesen und der Stephane dürfen wir ihn wohl in dem Jüngling auf dem Komödienbilde im Atrium der Casa del centenario (Fig. 61) erkennen[2], der einen so zarten Eindruck macht, daß ihn der erste Herausgeber für ein Mädchen gehalten hat, was natürlich durch die nackten Unterschenkel vollständig ausgeschlossen ist. Dagegen dürften zu der Stumpf-

---

[1] Auch bei der Terrakottamaske von Thera (Hiller von Gaertringen Thera III 172 Fig. 168), die doch wohl gleichfalls den zweiten Episeistos vorstellt, stehen die Augenbrauen ganz gerade.

[2] Nach Dieterich Pulcinella Taf. 2, vgl. oben S. 25 Anm. 2.

nase und den breiten Lippen des ἄγροικος; wohl auch unbedingt die hochgezogenen Brauen gehört haben. Den Sikelikos kennen wir nicht und werden ihn, da für ihn Pollux kein einziges Kriterium angibt, auch wohl nie kennen lernen.

Weit dürftiger sind die Angaben über die übrigen Gesichtsteile. Was zunächst die Stirn angeht, so hören wir, daß sie bei dem νεανίσκος οὖλος eine, bei dem πάγχρηστος mehrere Falten hatte. Die eine des οὖλος findet sich denn auch auf dem Relief im Museo Chiaramonti (S. 8 Fig. 14) gewissenhaft angegeben, während sie auf dem des Gabinetto delle maschere fehlt (S. 8 Fig. 15). Statt dessen ist der sorgenvolle Ausdruck vom Künstler auf andere Weise wiedergegeben, ebenso wie beim πάγχρηστος in der pompejanischen Maskengruppe (S. 28

Fig. 61.

Fig. 58). Sonst wird noch beim ersten Pappos der allgemeine Eindruck durch ὑπόφαιδρος; τὸ μέτωπον angegeben, womit das φαιδρότερος beim Parasiten und als Kontrast das λυπηρός beim zweiten Pappos zu kombinieren ist. Der Vollständigkeit halber sei nur noch einmal an das Zusammenziehen der Stirnhaut erinnert, das für den Bordellwirt und den θεράπων ἡγεμών bezeugt wird, und somit auch für den ἡγεμὼν ἐπίσειστος postuliert werden muß, bei dem es sich denn auch wirklich findet (S. 6 Fig. 12).

Was die Nase anlangt, so sind der ἡγεμὼν πρεσβύτης, der Schmeichler und der Parasit ἐπίγρυποι, eine Stumpfnase hat der junge Landmann [1]. Nun lehren aber die Bildwerke, daß auch alle Sklaven mit Ausnahme des πάππος und des Tettix σιμοί sind. Wenn Pollux das nicht ausdrücklich sagt, so ist der Grund hierfür diesmal wohl darin zu suchen, daß dies eine selbstverständliche Sache war. Aber auch der Lykomedeios und der Bordellwirt sowie der εἰκονικός sind, wie die Bildwerke zeigen, σιμοί, und das würde man angemerkt zu finden erwarten. Doch ist überhaupt das Verzeichnis der Jünglingsmasken am Schluß offenbar von dem Epitomator stark gekürzt worden.

Über die Ohren werden nur bei drei Masken Angaben gemacht. Der zweite Pappos hat Pankratiasten-Ohren. Denn daß dies mit ὠτοκαταξίας gemeint ist, erhellt aus der Besprechung der Körperteile II 83: ἐπὶ δὲ τῶν ἐν γυμνασίοις πληγῶν τὰ ὦτα κατεαγότα καὶ ὠτοκάταξις. Der alte Herr ist also in seiner Jugend ein eifriger Besucher der Gymnasien gewesen. Weiter sind ὠτοκαταξίαι die Gefährten der jeunesse dorée, der Parasit und der Schmeichler, und zwar wie wir erfahren, jener in höherem Grade als dieser, und dazu stimmen, wie wir bereits oben (S. 24

---

[1] Wenn Pollux vorher in dem Abschnitt über die Gesichtsteile II 78 schreibt: ἐπίγρυπος, ὃν βασιλικὸν οἴονται, σιμός, ὃν εὔχαριν νομίζουσιν, so ist das ein Zitat aus Platon Politeia V p. 474 D, das zur Charakteristik der Masken nicht verwandt werden darf; s. Förster Script. physiognom. II p. 250 fr. 82. p. 281 fr. 82.

A. 1) gesehen haben, die Attribute, das Schabeisen und das Ölfläschchen sowie die vorhergehenden Worte: οὐ μὴν ἔξω παλαίστρας, auf die ich unten zurückkommen werde.

Die Form des Mundes wird nur bei zwei Masken angegeben: der junge Landwirt hat breite Lippen, der Bordellwirt einen freundlich grinsenden Mund (vgl. oben S. 17 Fig. 30—33).

Die Angaben über die Augen beziehen sich teils auf ihre Stellung teils auf ihren Ausdruck. Der θεράπων οὖλος und der Τέττιξ schielen, was die Bildwerke bestätigen (Fig. 20—22. Fig. 57 und Fig. 29). Der erste Pappos ist τὴν ὄψιν κατηφής, der zweite ἐντονώτερος τὸ βλέμμα, der μακροπώγων ist νωθρὸς τὴν ὄψιν, der erste Hermonios τὸ βλέμμα δριμύς. Ein solcher Ausdruck ließ sich dem Auge wie durch die Stellung des Augapfels in der Augenhöhle, so durch den Schnitt und die Hebung oder Senkung der Augenlider geben, wobei freilich die benachbarten Gesichtspartien wesentlich mitsprachen. Und so hat in der Tat der zweite Pappos (Fig. 43) die Augenlider weiter aufgerissen als der erste (Fig. 44). Und man wird auch zugeben, daß der μακροπώγων auf dem Neapler Relief trotz des Affekts einen blöden, der Hermonios in der Neapler Maske und auf dem Hildesheimer Becher einen scharfen Blick hat.

Wie über den Ausdruck der Augen, so beschränken sich die Notizen über die Gesichtsform auf ein paar Greisenmasken: der erste Pappos hat ein mageres (Fig. 44), der zweite ein noch mageres (Fig. 43), der ἡγεμὼν πρεσβύτης (Fig. 5) ein breites Gesicht[1].

Etwas reichlicher sind die Angaben über die Farbe des Gesichts. Der erste Pappos und der νεανίσκος ἁπαλός sind weiß, also blaß, der zweite Pappos gelblich (ὕπωχρος), was neben dem roten Bart sehr drastisch wirken mußte, der νεανίσκος οὖλος hat rötliche, der πάγχρηστος bräunlich-rote Wangen, der junge Landwirt und der Offizier (ἐπίσειστος A) haben ein gebräuntes Gesicht, der θεράπων οὖλος zu seinen brandroten Haaren auch einen brandroten Teint.

Auch Angaben über den Charakter treten zuweilen ergänzend zu der Schilderung der Physiognomie hinzu: der σφηνοπώγων ist ὑποδύστροπος, von dem Λυκομήδειος heißt es, daß er πολυπραγμοσύνην παρενδείκνυται, was dann wohl auch von dem Bordellwirt gelten wird, da dieser ihm bis auf Mund, Augenbrauen und Glatze gleicht. Von den jungen Männern ist der πάγχρηστος ein πεπαιδευμένος, der μέλας gleicht einem πεπαιδευμένος oder einem φιλογυμναστής, der ἁπαλός ist ein σκατροφίας, der zweite ἐπίσειστος ist ἁπαλώτερος als der erste, und dieser, der Offizier, ein ἀλαζών, der Schmeichler und der Parasit sind umgängliche Leute, mit denen gut auszukommen ist (εὐπαθεῖς). Ein einziges Mal, bei dem εἰκονικός, der als ξένος bezeichnet wird, findet sich auch eine Angabe über das Kostüm: er ist εὐπάρυφος; aber auch diese Angabe soll zur Charakteristik dienen: es ist der elegante, aber, wie die Maske lehrt, alberne Herr aus der Fremde.

Es empfiehlt sich für die weitere Betrachtung das Ergebnis unserer bisherigen Untersuchung tabellarisch zusammenzufassen, wobei ich diejenigen Masken, für die das einzelne Kriterium nicht ausdrücklich durch Pollux bezeugt wird, in Klammern setze, und zwar wenn es aus den Bildwerken entnommen ist, in runde, wenn es anderweitig erschlossen ist, in eckige.

---

[1] πλατυπρόσωπος, welches Wort Aelian n. a. XV 26 vom Wiesel gebraucht.

HAARTRACHT

στεφάνη: ΓΕΡ ἡγεμών πρεσβύτης, ΝΕΑ πάγχρηστος, (μέλας), ἁπαλός, ἄγροικος, (εἰκοτικός, παράσιτος).

,, ἐπίσειστος: ΓΕΡ μακροπώγων, ΝΕΑ ἐπίσειστος Β.

σπεῖρα: ΔΟΥΛ ἡγεμών, (πάππος).

,, ἐπισείεται: ΔΟΥΛ ἐπίσειστος ἡγεμών.

ἐπίσειστος: ΝΕΑ ἐπίσειστος A; vgl. unter στεφάνη, ἐπίσειστος.

οὖλος: ΓΕΡ Λυκομήδειος, ΝΕΑ οὖλος; vgl. unter ἀναφαλαντίας οὖλος.

ἐν χρῷ κουρίας: ΓΕΡ πάππος A, (πάππος B).

ἀπεξυρημένος: ΓΕΡ Ἑρμώνιος B.

φαλακρός: ΓΕΡ πορνοβοσκός.

,, πυρρός: ΔΟΥΛ Μαίσων.

,, μέλας, δύο ἢ τρία βοστρύχια μέλανα ἐπικείμενος: ΔΟΥΛ Τέττιξ.

ἀναφαλαντίας: ΓΕΡ Ἑρμώνιος A, σφηνοπώγων, (ΝΕΑ κόλαξ), ΔΟΥΛ κάτω τριχίας.

ἀναφαλαντίας, οὖλος: ΔΟΥΛ οὖλος.

HAARFARBE

πολιός: [ΓΕΡ πάππος A], ΔΟΥΛ πάππος.

σπαρτοπόλιος: ΝΕΑ εἰκονικός.

μέλας: [ΓΕΡ ἡγεμών, μακροπώγων, Ἑρμώνιοι, σφηνοπώγων, Λυκομήδειος, πορνοβοσκός], ΝΕΑ μέλας, ἐπίσειστος A, παράσιτος, κόλαξ, ΔΟΥΛ Τέττιξ.

ξανθός: ΝΕΑ ἐπίσειστος B.

πυρρός: ΓΕΡ πάππος B, ΔΟΥΛ ἡγεμών, κάτω τριχίας, οὖλος, Μαίσων, [ἐπίσειστος].

BART

μακροπώγων: ΓΕΡ πάππος A, (πάππος B), (ἡγεμών), μακροπώγων, Ἑρμώνιος A, Λυκομήδειος, (πορνοβοσκός).

σφηνοπώγων: ΓΕΡ σφηνοπώγων, Ἑρμώνιος B.

δύο ἢ τρία βοστρύχια ἐν τῶι γενείωι: ΔΟΥΛ Τέττιξ.

ἀπεξυρημένος: ΝΕΑ εἰκονικός.

BRAUEN

ἀνατεταμένος: ΓΕΡ Ἑρμώνιος A, σφηνοπώγων, ΝΕΑ πάγχρηστος, οὖλος, κόλαξ, [ἄγροικος], (ἐπίσειστος A, εἰκονικός), ΔΟΥΛ (πάππος), ἡγεμών, (Τέττιξ), [ἐπίσειστος].

,, τὴν δεξιάν: ΓΕΡ ἡγεμών.

,, τὴν ἑτέραν: ΓΕΡ Λυκομήδειος.

ἐπηρμένος: (ΓΕΡ πάππος B), ΔΟΥΛ κάτω τριχίας.

καθειμένος: ΓΕΡ πάππος A, μακροπώγων, (Ἑρμώνιος B, πορνοβοσκός), ΝΕΑ μέλας, (ἁπαλός), (ἐπίσειστος B, παράσιτος), ΔΟΥΛ (οὖλος, Μαίσων).

STIRN
συνάγει: ΓΕΡ πορνοβοσκός, ΔΟΥΛ ἡγεμών, [ἐπίσειστος].
ῥυτίδες ὀλίγαι: ΝΕΑ πάγχρηστος.
ῥυτὶς μία: ΝΕΑ οὖλος.
λυπηρός: ΓΕΡ πάππος Β.
ὑπόφαιδρος: ΓΕΡ πάππος Α, ΝΕΑ παράσιτος.

AUGEN
νωθρός: ΓΕΡ μακροπώγων.
κατηφής: ΓΕΡ πάππος Α.
ἔντονος: ΓΕΡ πάππος Β.
δριμύς: ΓΕΡ Ἑρμώνιος Α.
διάστροφος: ΔΟΥΛ οὖλος, Τέττιξ.

WANGEN
ἰσχνός: ΓΕΡ πάππος Α.
ἰσχνότερος: ΓΕΡ πάππος Β.
πλατυπρόσωπος: ΓΕΡ ἡγεμών.

CHARAKTER
πεπαιδευμένος: ΝΕΑ πάγχρηστος, μέλας.
φιλογυμναστής: ΝΕΑ μέλας.
ἁπαλός: ΝΕΑ ἁπαλός, ἐπίσειστος Β.
σκιατροφίας: ΝΕΑ ἁπαλός.
εὐπαθής: ΝΕΑ κόλαξ, παράσιτος.
ἀλαζών: ΝΕΑ ἐπίσειστος Α.
πολυπράγμων: ΓΕΡ Λυκομήδειος, [πορνοβοσκός].
ὑποδύστροπος: ΓΕΡ σφηνοπώγων.

OHREN
ὠτοκαταξίας: ΓΕΡ πάππος Β, ΝΕΑ παράσιτος, κόλαξ.

NASE
ἐπίγρυπος: ΓΕΡ ἡγεμών, ΝΕΑ παράσιτος, κόλαξ.
σιμός: ΓΕΡ (Λυκομήδειος, πορνοβοσκός), ΝΕΑ ἄγροικος, (εἰκονικός), ΔΟΥΛ (ἡγεμών, κάτω τριχίας, οὖλος, Μαίσων. ἐπίσειστος).

MUND
χείλη πλατέα: ΝΕΑ ἄγροικος.
ὑποσέσηρε: ΓΕΡ πορνοβοσκός.

GESICHTSFARBE
λευκός: ΓΕΡ πάππος Α, ΝΕΑ ἁπαλός.
ὕπωχρος: ΓΕΡ πάππος Β.
ὑπέρυθρος: ΝΕΑ οὖλος.
ὑποκεχρωσμένος: ΝΕΑ πάγχρηστος.
πυρρός: ΔΟΥΛ οὖλος.
μέλας: ΝΕΑ ἄγροικος, ἐπίσειστος Α.

Aus diesen Tabellen kombiniere ich nun eine weitere, die zur schnellen Bestimmung einer Maske dienen soll, wobei ich mich aber auf die für die Praxis wichtigsten Kriterien, Haartracht, Bart, Brauen und besondere Kennzeichen beschränke, diejenigen hingegen, die sich an den Bildwerken meistens nicht mehr erkennen lassen, wie die Hautfarbe, in der Regel nicht berücksichtige. Die Tabelle ermöglicht es, sofort festzustellen, ob eine Maske sich aus Pollux bestimmen läßt oder wodurch sie sich von den dort aufgezählten unterscheidet. Da sie mir vielfach gute Dienste geleistet hat, mag sie auch hier stehen. Wo es sich um bloß Erschlossenes handelt, sind diesmal natürlich nicht die Namen der Masken, sondern die Kennzeichen eingeklammert, in runden Klammern, wo die Bildwerke, in eckigen, wo andere Indizien maßgebend waren.

Tabelle zur Bestimmung der männlichen Masken.   35

HAARTRACHT	BART	BRAUEN	BES. KENNZEICHEN	
στεφάνη	—	ἀνατεταμένος	ῥυτίδες ὀλίγαι	N. ΠΑΓΧΡΗΣΤΟΣ
	—	[ ]	σιμός, χείλη πλατέα	N. ΑΓΡΟΙΚΟΣ
( )	ἀπεξυρημένος	( )	(„)	N. ΕΙΚΟΝΙΚΟΣ
	(εὐγένειος)	„ τ. δεξ.	πλατυπρόσωπος	Γ. ΗΓΕΜΩΝ
( )	—	καθειμένος	—	N. ΜΕΛΑΣ
	—	( )	σκιατροφίας	N. ΑΠΑΛΟΣ
( )	—	( )	φαιδρός, ἐπίγρυπος	N. ΠΑΡΑΣΙΤΟΣ
( ), ἐπίσειστος	—	( )	ἁπαλός	N. ΕΠΙΣΕΙΣΤΟΣ B
	εὐπώγων		νεοθρός	Γ. ΜΑΚΡΟΠΩΓΩΝ
σπεῖρα	—	ἀνατεταμένος	συνάγει τ. ἐπισκύνιον	Δ. ΗΓΕΜΩΝ
( )	—	( )	πολιός	Δ. ΠΑΠΠΟΣ
( ), ἐπίσειστος	—	( )	—	Δ. ΕΠΙΣΕΙΣΤΟΣ
ἐπίσειστος	—	( )	στρατιώτης, ἀλαζών	N. ΕΠΙΣΕΙΣΤΟΣ A
οὖλος	—		ῥυτὶς μία	N. ΟΥΛΟΣ
	μακρογένειος	„ τ. ἑτ.	πολυπράγμων	Γ. ΛΥΚΟΜΗΔΕΙΟΣ
ἐν χρῶι κουρίας	—	ἡμερώτατος	ἰσχνός, κατηφής	Γ. ΠΑΠΠΟΣ A
( )	( )	(ὑπηρμένος)	ἰσχνότερος, λυπηρός	Γ. ΠΑΠΠΟΣ B
„	σφηνοπώγων	(καθειμένος)	—	Γ. ΕΡΜΩΝΙΟΣ B
φαλακρός	(μακρογένειος)	( )	ὑποσέσηρε	Γ. ΠΟΡΝΟΒΟΣΚΟΣ
ἀναφαλαντίας	„	ἀνατεταμένος	δριμύς	Γ. ΕΡΜΩΝΙΟΣ A
	ὀξυγένειος	„	ὑποδύστροπος	Γ. ΣΦΗΝΟΠΩΓΩΝ
κάτω τριχίας	—	ἐπηρμένος	—	Δ. ΚΑΤΩ ΤΡΙΧΙΑΣ
( )	—	ἀνατεταμένος	ἐπίγρυπος	N. ΚΟΛΑΞ
( )	—	(καθειμένος)	—	Δ. ΜΑΙΣΩΝ
οὖλος	—	( )	—	Δ. ΟΥΛΟΣ
β' ἢ γ' βοστρύχια	ὅμοια ἐν τ. γενείωι	(ὑπηρμένος)	—	Δ. ΤΕΤΤΙΞ

Weit dürftiger ist der Katalog der Frauenmasken, und hier gewinnt man den Eindruck, daß in der Tat der Epitomator stark gekürzt hat. Ich drucke zunächst wieder den Text in derselben Weise, wie oben das Verzeichnis der männlichen Masken, ab, zerlege jedoch Pollux' zweite Klasse, die νέαι γυναῖκες, in drei Unterabteilungen, die jungen Bürgerfrauen und Bürgermädchen, die Hetären und die Sklavinnen.

5*

IV 150 ff. (p. 245 ff. B.)
(ΤΑ ΓΥΝΑΙΚΩΝ ΠΡΟΣΩΠΑ)
(ΓΡΑΙΔΙΑ)

1) τὸ μὲν λυκαίνιον ⟨ἢ γραίδιον ἰσχνὸν⟩[1] ὑπόμηκες· ῥυτίδες λεπταὶ καὶ πυκναί· λευκὸν ὕπωχρον, στρεβλὸν τὸ ὄμμα.
2) ἡ δὲ παχεῖα γραῦς παχείας ἔχει τὰς ῥυτίδας ἐν εὐσαρκίαι καὶ ταινίδιον τὰς τρίχας περιλαμβάνον.
3) τὸ δ' οἰκουρὸν γραίδιον ⟨ἢ οἰκετικὸν ἢ ὀξὺ⟩ σιμόν· ἐν ἑκατέραι τῆι σιαγόνι ἀνὰ δύο ἔχει γομφίους.

(ΝΕΑΙ ΓΥΝΑΙΚΕΣ)

1) ἡ μὲν λεκτικὴ περίκομος· ἡσυχῆι παρεψησμέναι αἱ τρίχες, ὀρθαὶ ὀφρύες, χρόα λευκή.
2) ἡ δ' οὖλη λεκτικῆς τῆι τριχώσει παραλλάττει.
3) ἡ δὲ κόρη διάκρισιν ἔχει παρεψησμένων τῶν τριχῶν, καὶ ὀφρῦς ὀρθὰς μελαίνας, καὶ λευκότητα ὕπωχρον ἐν τῆι χροιᾶι.
4) ἡ δὲ ψευδοκόρη λευκοτέρα τὴν χροιάν, καὶ περὶ τὸ βρέγμα δέδεται τὰς τρίχας καὶ ἔοικε νεογάμωι[2].
5) ἡ δ' ἑτέρα ψευδοκόρη διαγιγνώσκεται μόνωι τῶι ἀδιακρίτωι τῆς κόμης.

(ΕΤΑΙΡΑΙ)

1) ἡ δὲ σπαρτοπόλιος λεκτικὴ δηλοῖ τῶι ὀνόματι τὴν ἰδέαν, μηνύει δ' ἑταίραν πεπαυμένην τῆς τέχνης.
2) ἡ δὲ παλλακὴ ταύτηι μὲν ἔοικε, περίκομος δ' ἐστίν.
3) τὸ δὲ τέλειον ἑταιρικὸν τῆς ψευδοκόρης ἐστὶν ἐρυθρότερον[3], καὶ βοστρύχους ἔχει περὶ τὰ ὦτα.
4) τὸ δ' ἑταιρίδιον ⟨ὡραῖον⟩ ἀκαλλώπιστόν ἐστι, ταινιδίωι τὴν κεφαλὴν περιεσφιγμένον.
5) ἡ δὲ διάχρυσος ἑταίρα πολὺν ἔχει τὸν χρυσὸν περὶ[4] τῆι κόμηι.
6) ἡ δὲ διάμιτρος μίτραι ποικίληι τὴν κεφαλὴν κατείληπται[5].
7) τὸ δὲ λαμπάδιον ἰδέα τριχῶν πλέγματός ἐστιν εἰς ὀξὺ ἀπολήγοντος, ἀφ' οὗ καὶ κέκληται.

(ΘΕΡΑΠΑΙΝΑΙ)

1) ἡ δὲ ἅβρα περίκουρος θεραπαινίδιόν ἐστι περικεκαρμένον, χιτῶνι μόνωι ὑπεζωσμένωι λευκῶι χρώμενον.
2) τὸ δὲ παράψηστον θεραπαινίδιον διεκέκριται τὰς τρίχας, ὑπόσιμον δ' ἐστὶ καὶ δουλεύει ἑταίραις, ὑπεζωσμένον χιτῶνα κοκκοβαφῆ.

Wieder ist, wenigstens bei den drei letzten Klassen, der Hauptnachdruck auf die Frisur gelegt, und es gilt daher zunächst Klarheit zu gewinnen über die termini διάκρισις, ἀδιάκριτος, τρίχες παρεψησμέναι, περίκομος. Ist mit der Scheitelung, die für das Bürgermädchen (Ν Γ 3) und die Hetärenzofe (ΘΕ 2) bezeugt wird, der einfache Scheitel über der Stirn oder die furchen-

---

[1] Die eingeklammerten Worte, die für die Charakteristik von Bedeutung sind, habe ich hier und im folgenden aus der summarischen Aufzählung, die Pollux IV 151 der Beschreibung voranschickt, eingesetzt. — [2] μονογάμωι A ψευδογάμωι II. — [3] εὐειδέστερον II. — [4] ἐπί BC — [5] διείληπται II; κατείληται Cobet.

Die weiblichen Masken.

Fig. 62.

förmige Scheitelung der sog. Melonenfrisur gemeint, wie sie die Maske auf der Gemme bei Furtwängler, Die antiken Gemmen Taf. 26, 61 und in Verbindung mit der Stephane die Frauenmaske auf der ebenda unter 63 publizierten Gemme des Diodoros zeigt, während bei der beistehend in starker Vergrößerung abgebildeten Doppelmaske auf einer Berliner Gemme (Fig. 62) die Stephane offenbar zu der oberen Jüng-

Fig. 63.

lingsmaske gehört [1]? Wir müssen, glaube ich, unterscheiden. Wir finden, daß von einer Verbindung der διάκρισις mit τρίχες παρεψησμέναι die Rede ist. Bei der κόρη werden diese ausdrücklich angegeben, für das παράψηστον θεραπαινίδιον dürfen wir sie aus dem Namen erschließen; glatt gestrichenes Haar verträgt sich aber nur mit einfacher Scheitelung über der Stirn. Diese Frisur zeigt nun ein köstliches Maskenköpfchen aus der Galleria dei busti, das ich nach einer der Freundlichkeit Amelungs verdankten Photographie auf unserer Tafel in zwei Ansichten abbilden kann [2], und da der listig vergnügte Ausdruck vorzüglich für eine Hetärenzofe paßt, so bezweifle ich nicht, daß wir hier ein treffliches Abbild des παράψηστον θεραπαινίδιον, der Doris in der Perikeiromene, vor uns haben, dessen Eindruck nur dadurch beeinträchtigt wird, daß Nase, Mund, Kinn und ein Teil der linken Wange nicht eben glücklich modern ergänzt sind. Aber auch auf eine Marmormaske aus Pompeji (Fig. 63) trifft die Beschreibung des Pollux zu, nur daß das Haar zu beiden Seiten der Scheitelung etwas anders arrangiert ist. Wir werden also hier eine Variante des παράψηστον erkennen dürfen, die uns um so willkommener sein muß, als Nase, Mund und Kinn erhalten sind. Ob aber in andern Fällen mit der διάκρισις nicht doch die Melonenfrisur gemeint ist, die nach Ausweis der Berliner Gemme den Masken der neueren Komödie nicht fremd war, wird sich später zeigen.

Bleiben wir zunächst bei den τρίχες παρεψησμέναι. Solche, und zwar, wie Pollux betont, ἡσυχῇ παρεψησμέναι, hat auch die λεκτική (N Γ 1), die Bürgerfrau mit dem unerschöpflichen Mundwerk; außerdem aber ist diese eine περίκομος, welche Bezeichnung auch bei der παλλακή (ET 2), dem legitimen Kebsweib, wiederkehrt. Von der λεκτική unterscheidet sich die οὔλη (N Γ 2) durch die τρίχωσις; aber es ist ohne weiteres klar, daß hier der Gegensatz in den τρίχες ἡσυχῇ παρεψησμέναι, nicht in περίκομος liegt, und wenn es von der παλλακή mit bezug auf die σπαρτοπόλιος (ET 1) heißt: ταύτῃ μὲν ἔοικε, περίκομος δ' ἐστίν, so können hier σπαρτοπόλιος und περίκομος unmöglich Gegensätze sein, da sich das eine Wort auf die Farbe, das

---

[1]) Nach einem Robert Zahn verdankten Abdruck; auch bei Furtwängler a. a. O. Taf. 26, 76, der, wie mir scheint, mit Unrecht auch die obere Maske für weiblich erklärt. Es ist ein Liebhaber mit seiner Schönen.

[2]) Amelung Vat. Mus. II Taf. 72 nr. 313 S. 512. Das Köpfchen stammt aus Tivoli; es ist aus feinkörnigem gelblichem Marmor gefertigt und 0,61 hoch.

Fig. 64.   Fig. 65.

andere auf das Arrangement des Haares bezieht; vielmehr ist das eigentlich unterscheidende Kriterium bei der Frisur des Kebsweibs entweder von dem Epitomator unterdrückt oder von Pollux als bekannt vorausgesetzt. Was heißt also περίκομος? Die Lexika führen das Wort nur aus der Botanik des Theophrast an, die Polluxstelle verzeichnen sie nicht. Bei Theophrast bedeutet es einfach: „ringsum belaubt"[1]. Daraus ist für das Verständnis des Bühnenterminus nichts zu gewinnen; sonst würden alle Masken, die nicht als περίκομοι bezeichnet werden, also auch die der jungen Mädchen und der Hetären, Glatzen haben. Aber auch einen besonders üppigen Haarwuchs kann es nicht wohl bedeuten; denn ein solcher eignet doch vor

---

[1] III 8, 4 von der zahmen Kastanie: περίκομος γὰρ ἡ φυτεία. II 17, 5 von der Feige τὸ δὲ ξύλον κάτωθεν μὲν λεῖον καὶ ἄνοζον, ἄνωθεν δὲ περίκομον.

allem der οὔλη, die sich aber nach Pollux gerade durch die Haartracht von der περίκομος λεκτική unterscheidet. Danach scheint nur die Möglichkeit übrig zu bleiben, daß περίκομος das ungescheitelt um die Stirn herum laufende Haar bezeichnet, und daß es somit dasselbe besagt wie das von der zweiten ψευδοκόρη gebrauchte ἀδιάκριτος.

Solch ungescheitelte, glatt an Stirn und Schläfen anliegende Frisur trägt nun eine aus der Sammlung Misthos stammende Terrakottafigur[1] des athenischen Nationalmuseums (Fig. 64 und 65),

Fig. 66.   Fig. 67.

die ich um so unbedenklicher für die λεκτική halten möchte, als sie mit vorgestreckter Rechten und auf die Hüfte gestützter Linken lebhaft mit ihrem Gegenspieler zu diskutieren scheint, was für diese Maske vortrefflich paßt. Gleichfalls ungescheiteltes, aber wirres Haar, aus dem sich eine widerspenstige Locke emporbäumt, hat eine Frauenmaske, die auf der einen pompejanischen Maskengruppe[2] durch die Maske eines bärtigen Alten, der also gewiß ihr Gatte sein soll, halb verdeckt wird (Fig. 67). In ihr darf man vielleicht die οὔλη vermuten. Und dieser Maske ist wiederum der Typus, in dem die Sostrata der Hecyra im Parisinus des Terenz dargestellt zu werden pflegt, so verblüffend ähnlich, daß man nicht glauben sollte, daß neun Jahrhunderte dazwischen liegen. Als Beweisstück stelle ich die Sostrata aus der Szene zwischen Phidippus und Laches (V. 243 ff.) Fig. 66 neben die pompejanische οὔλη[3].

Eine περίκομος ist ferner noch eine aus Griechenland stammende Frauenmaske[4] des Berliner Antiquariums Fig. 68, deren Haar weder glatt gestrichen noch kraus, sondern um die Stirn zu einem Toupet aufgebunden ist, das an die Stephane erinnert, wie sie sich in Verbindung mit der Melonenfrisur auf der oben S. 37 erwähnten Gemme des Diodoros findet[5]. In dieser Maske wird

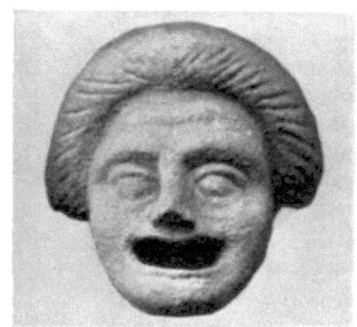

Fig. 68.

---

[1] M. Nr. 5082 (Misth. 427). H. 0,18. „Spuren von Hellrot-violett an der rechten Seite des Überhangs. Rot im Mund." Rodenwaldt. Nach einer Institutsphotographie. Auch bei Winter a. a. O. II 428, 5. „Wahrscheinlich aus Myrina" Winter.

[2] Arch. Zeit. XXXVI 1878 Taf. 5. Danach unsere Abbildung.

[3] Nach Omont a. a. O. fol. 111.

[4] T. I. 6960. H. 0,085. Früher in der Sammlung Komnos.

[5] Vgl. Varro d. L V 167 *torulus in mulieris capite ornatus*. S. auch oben S. 4 A. 4.

man wohl die παλλακή erkennen dürfen. Trifft dies zu, so verstehen wir auch, warum Pollux die τρίχες παρεψησμέναι der λεκτική so besonders hervorhebt. Es zeigt sich nämlich, daß die beiden von ihm als περίκομοι bezeichneten Frauenmasken sich voneinander dadurch unterschieden, daß die eine, die λεκτική, glattes Haar, die andere, die παλλακή, ein Toupet trug. Die οὔλη, die, wie die Bildwerke lehren, gleichfalls eine περίκομος war, stand mit ihrem wirren Haar zwischen beiden in der Mitte; und wir dürfen, nun auch die Vermutung aussprechen, daß das in unserem Polluxtext fehlende Kriterium für die σπαρτοπόλιος, durch das sie sich von der παλλακή unterschied, die Scheitelung des Haares war.

Fig. 69.

Im Gegensatz zur λεκτική trägt die κόρη ihr gleichfalls glatt gekämmtes Haar, wie die Hetärenzofe, gescheitelt. Eine solche Frisur finden wir bei der Mädchenmaske, die auf dem anderen pompejanischen Maskenbild[1] neben einer Sklavenmaske steht (Fig. 69). Da sie aber im Haar eine Binde zu tragen scheint, die das Kriterium für das ἑταιρίδιον ὡραῖον ist, könnte man auch an dieses denken, zumal die Gruppierung mit einer Sklavenmaske für ein anständiges Bürgermädchen scheinbar weniger paßt als für eine Hetäre. Allein bei genauerer Betrachtung bemerkt man, daß die vermeintliche Tänie, die ich selbst früher irrtümlich als Stirnband bezeichnet habe, nichts anderes ist als die zusammengebundenen Enden einer Sphendone. Auch spricht der erschreckte Gesichtsausdruck entschieden mehr für die κόρη. Jeder Zweifel muß aber schwinden wenn man mit dieser Maske die der Liebhaberin in der ersten Maskengruppe[2], der wir

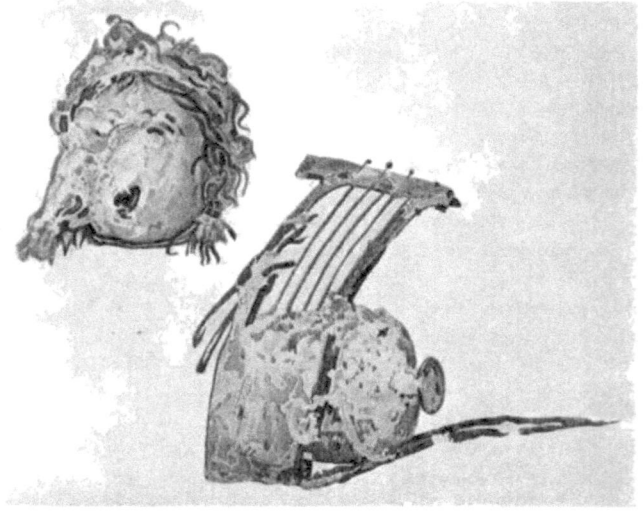

Fig. 70.

---

[1]) Arch. Zeit. a. a. O. Taf. 4; danach unsere Abbildung.
[2]) Arch. Zeit. a. a. O. Taf. 5; danach unsere Abbildung.

Fig. 71.

die Bekanntschaft der οὔλη verdanken, vergleicht (Fig. 70). Denn diese ist durch das neben ihr auf einem Weingefäß liegende Saiteninstrument unzweifelhaft als Hetäre bezeichnet und trägt in der Tat ein ταινίδιον, das die Haare zusammenschnürt. Da nun die übrigen Hetärenmasken entweder Goldschmuck oder Ohrlocken oder eine bunte Haube oder hochgekämmtes Haar haben, was alles hier nicht zutrifft, so kann die fragliche Maske, wenn sie anders überhaupt zu den bei Pollux erwähnten gehört, nur das ἑταιρίδιον ὡραῖον sein, und mithin ist die Mädchenmaske mit dem ängstlichen Gesichtsausdruck die κόρη. Wir sehen aber, daß beide Masken, wie es ja in der Natur der Sache liegt, einander ähnlich sind; beide haben gescheiteltes Haar, jedoch liegen bei dem schönen Dirnchen die Scheitel nicht so glatt an wie bei dem Bürgermädchen, sondern bilden ein künstliches Gewirre, so daß sie wohl als eine οὔλη betrachtet werden darf. Mit allem Vorbehalt möchte ich die Deutung als Hetairidion auch für eine angeblich aus Pergamon stammende Maske der Sammlung Lecuyer (Fig. 71) vorschlagen[1], bei der die Frisur wohl infolge des Materials weniger kunstvoll ist. Was mich zur Zurückhaltung veranlaßt, sind nicht so sehr die etwas spitz zulaufenden Ohren, die sich auch bei dem Eikonikos finden (S. 27 Fig. 55), als die kleine vertikale Falte auf der Stirn, die dem Gesicht einen Ausdruck leichten Unmuts gibt.

Nun muß aber auch die erste ψευδοκόρη[2] eine gescheitelte Frisur getragen haben, da sich die zweite ψευδοκόρη von ihr μόνωι τῶι ἀδιακρίτωι unterscheidet. Beiden gemeinsam ist also, daß ihr Haar περὶ τὸ βρέγμα δέδεται. Damit kann aber unmöglich das Zusammenbinden des Haares mit einer Tänie gemeint sein, das bei dem ἑταιρίδιον ὡραῖον durch περιεσφιγμένον ταινιδίωι ausgedrückt wird. Vielmehr scheint es, daß wir es hier mit dem technischen Ausdruck für die Melonenfrisur zu tun haben, und daß διάκρισις in diesem Falle die furchenförmige, von

---

[1] Collection Lecuyer G 2 und dazu Cartault, der angibt, daß das Gesicht rot, die Tänie blau, die Haare braunrot seien. Die Deutung als Satyr ist doch wohl schon durch die Tänie und die Frisur ausgeschlossen. Um sich des Unterschieds bewußt zu werden, vergleiche man die in den Athen. Mitteilungen III 1878 Taf. II abgebildeten Masken wirklicher Satyrn.

[2] Die Menanderkritiker, die, auf die relativ geringe Zahl der erhaltenen Nachdichtungen des Plautus und Terenz gestützt, mit so großer Zuversicht behauptet haben, daß in der neueren Komödie ein verführtes Mädchen niemals die Bühne betreten habe, scheinen sich dieser Polluxstelle nicht erinnert zu haben. Jetzt hat Jensens bewunderungswürdige Nachkollation, durch die die Menanderkritik zum ersten Male auf eine sichere wissenschaftliche Basis gestellt worden ist, die Frage auch für die Pamphile so entschieden, wie ich es früher postuliert hatte (Der neue Menander S. 4). S. Jensen und Wilamowitz Rh. Mus. LXV 1910 S. 635 f.

Fig. 72.

der Stirn nach dem Hinterkopf laufende mehrfache Scheitelung bezeichnet. Dann würden wir also auf der oben (S. 37) erwähnten Gemme des Diodoros die erste ψευδοκόρη vor uns haben, und auch bei dem verlegenen Mädchen auf dem einen Komödienbilde aus Herculaneum (Fig. 72) scheint mir dieselbe Frisur unverkennbar und also dieselbe Benennung gerecht-

Die beiden ψευδοκόραι.

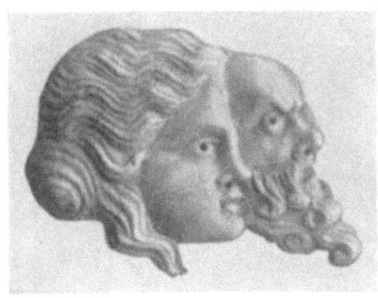

Fig. 78.

fertigt zu sein[1]. Zwar hielten Jorio, Welcker und Helbig dies Mädchen für eine Hetäre; aber von verstohlenem Lachen, wie sie es bemerken wollten, vermag ich bei ihm nichts zu erkennen. Der Sklave (es ist, wie die Interpreten richtig sagen, der ἡγεμὼν θεράπων) macht sich, die Finger zur corna ausstreckend, über die Verführte lustig, die dadurch in Verlegenheit gerät. Für die zweite ψευδοκόρη aber möchte ich die weibliche Maske, die auf dem Relief in Gabinetto delle maschere[2] dem νεανίσκος οὖλος gegenüber neben einem kahlen, bärtigen Mann, vielleicht dem ersten Hermonios steht (Fig. 73), in Anspruch nehmen.
Auch bei ihr ist das Haar von der Stirne nach dem Hinterkopf gekämmt und im Nacken zusammengebunden, jedoch in breiten Strähnen, nicht in Wulsten, die durch Furchenscheitelung getrennt sind.

Etwas genauer beschreibt Pollux noch die Frisur, von der die Hetärenmaske λαμπάδιον ihren Namen hat; ἰδέα τριχῶν πλέγματός ἐστιν εἰς ὀξὺ ἀπολήγοντος. Dazu tritt ergänzend die Beschreibung des Kritikers Herakleides I 19 τὸ δὲ τρίχωμα . . . . ἀναδεδεμένον μέχρι τῆς κορυφῆς, ὃ δὴ καλεῖται ὑπὸ τῶν ἐγχωρίων λαμπάδιον. Danach handelt es sich um hoch aufgebundenes Haar, das über dem Scheitel in eine Spitze endete, die an das Züngeln einer Flamme erinnert. Nach Herakleides war diese Frisur in Theben besonders beliebt, und damit hängt es gewiß

Fig. 74.

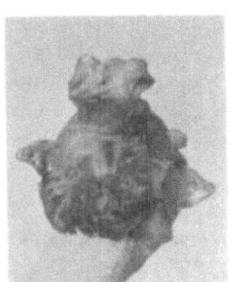
Fig. 75.

Fig. 76.

zusammen, daß wir sie so oft bei Terrakotten aus dem benachbarten Tanagra beobachten können. Als besonders drastisches Beispiel setze ich hier den Kopf der bekannten, auch

---

[1] Nach einer Photographie von Losacco de Gioja; s. Helbig Nr. 1472, Pitt. d'Erc. IV 33, Mus. Borb. IV 33 (danach Wieseler a. a. O. XI 4 S. 84), Ternite IV 14.

[2] S. oben S. 7 f. A. 1.

44   Der Katalog des Pollux.

Fig. 77.

Fig. 78.

in bemalten Abgüssen verbreiteten Wiener Tanagräerin[1] in Vorder- und Rückansicht her (Fig. 75 und 76). Wie nun weiter die Tanagräerinnen lehren, tritt diese „Fackelfrisur" gerne in Verbindung mit der Sphendone auf; so bei der sitzenden Hetäre mit der Silensmaske[2], deren Köpfchen ich gleichfalls abbilde (Fig. 76). Danach trage ich kein Bedenken, eine Terrakottamaske des Berliner Antiquariums[3] als die der Hetäre λαμπάδιον anzusprechen (Fig. 77) und dieselbe Benennung der weiblichen Maske auf dem Menanderrelief[4] zu geben (Fig. 78), obgleich die Frisur hier nicht in eine Spitze ausläuft, sondern in eine Haarschleife zusammengenommen ist, deren nach beiden Seiten hin hoch emporstehende Enden aber erst recht an eine Flamme erinnern. An die διάμιτρος ist natürlich nicht zu denken, da der Kopfschmuck eine Sphendone und keine Mitra ist. Vielmehr wird uns die „Hetäre, deren Haupt durch eine bunte Haube eingenommen wird"[5], durch eine Terrakottafigur veranschaulicht, die, als sie im smyrnäischen Kunsthandel war, für das Terrakottacorpus gezeichnet worden ist, und die ich hier nach der von Kekule freundlichst zur Verfügung gestellten Originalzeichnung[6] abbilde (Fig. 79).

Auch bei dem τέλειον ἑταιρικόν wird wenigstens ein Charakteristikum der Frisur angegeben: es hat βοστρύχοις περὶ τὰ ὦτα. Wie aber die Frisur im übrigen beschaffen, davon steht bei Pollux nichts zu lesen. Wenn man indessen beachtet, daß es von dieser Maske heißt,

---

[1]) S. Winter a. a. O. II Taf. 50, 2 und vgl. S. 8, 6. 10, 10. 14, 11. 22, 4. 33, 3 u. ö., Kekule Terrakotten von Tanagra Taf. 16, der allerdings S. 5 die Herakleides-Stelle etwas abweichend bespricht. Auch was Herakleides kurz vorher von der Art sagt, wie die thebanischen Frauen ihren Mantel drapieren: τὸ τῶν ἱματίων ἐπὶ τῆς κεφαλῆς κάλυμμα τοιοῦτόν ἐστιν, ὥστε ὥσπερ προσωπιδίω δοκεῖν πᾶν τὸ πρόσωπον κατειλῆφθαι· οἱ γὰρ ὀφθαλμοὶ διαφαίνονται μόνον, τὰ δὲ λοιπὰ μέρη τοῦ προσώπου πάντα κατέχεται τοῖς ἱματίοις, auch das wird durch Tanagräerinnen, wie die bei Winter a. a. O. II S. 23, 5. 3 m, 1. 53, 2, vortrefflich illustriert.

[2]) Kekule, Terrakotten aus Tanagra Taf. XI; danach unsere Abbildung.

[3]) T. I. 5165. Aus Delos. H. 0,115. Nach neuer Photographie.

[4]) Vgl. oben S. 4 A. 3 und unten Fig. 98.

[5]) Das überlieferte κατείληπται wollte, wie bereits oben S. 36 angemerkt, Cobet in κατείληται ändern, und Bethe hat diese Konjektur in den Text aufgenommen. Aber die Überlieferung wird durch die oben A. 1 ausgeschriebene Herakleidesstelle: ὥσπερ προσωπιδίω   τὸ πρόσωπον κατειλῆφθαι geschützt. Auch scheint κατειλεῖν vielmehr der technische Ausdruck für das Umwickeln mit einer Tänie zu sein; denn die Haube drängt das Haar mit nichten zusammen, vielmehr sitzt sie ganz locker auf.

[6]) H. 0,20. Vgl. Winter a. a. O. II S. 428, 4, wo als mutmaßlicher Fundort Myrina angegeben wird.

Fig. 79.

Fig. 80.

sio sei τῆς ψευδοκόρης ἐρυθρότερον, so dürfen wir nach unseren bisherigen Erfahrungen hieraus entnehmen, daß sie auch im übrigen der ψευδοκόρη ähnlich war, also wie diese das Haar um den Kopf gebunden hatte. Auf der oben S. 37 Fig. 62 abgebildeten Berliner Gemme finden wir nun in der Tat lange, hinter den Ohren herabhängende Locken in Verbindung mit der Melonenfrisur. Da hätten wir denn also auch das τέλειον ἑταιρικόν [1].

Bei der fünften Hetärenmaske, der διάχρυσος, wird die Frisur nicht angegeben, sondern nur gesagt, daß sie vielen Goldschmuck im Haare trage. Danach müßte sie auf Bildwerken leicht zu erkennen sein; doch ist sie mir dort noch nicht begegnet. Ebenso fehlt die σπαρτοπόλιος, die ausgediente Hetäre, von der wir konstatiert haben, daß sie der παλλακή, die wir oben S. 39 Fig. 68 kennen gelernt haben, ähnlich war, jedoch gescheiteltes Haar hatte, auf den Bildwerken klassischer Zeit; doch hoffe ich sie unten in den Terenz-Illustrationen nachzuweisen. Auch die erste Sklavin, die ἅβρα περίκουρος, habe ich [2] bisher vergebens gesucht. Aber von dem Aussehen der Frisur, nach der sie benannt ist, geben uns die Darstellungen von Hetären niedrigen Ranges eine Vorstellung. Aus vielen Beispielen setze ich den Kopf der Hetäre aus dem Innenbild der Würzburger Komosschale des Brygos hierher [4] (Fig. 80).

Bei den alten Frauenmasken wird über die Frisur nichts gesagt; wir können sie aber mit Hilfe der anderen von Pollux mitgeteilten Kriterien identifizieren. Die παχεῖα γραῦς, die παχείας ῥυτίδας ἐν εὐσαρκίαι hat und eine Tänie trägt, hat Cartault sehr glücklich in einer Maske der

---

[1]) Auch die bereits dort erwähnte Gemme bei Furtwängler a. a. O. Taf. 26, 61 dürfte das τέλειον ἑταιρικόν darstellen; denn die Locken hinter den Ohren sind auf der Abbildung ganz deutlich, nur sind sie nicht so steif stilisiert wie auf der Berliner Gemme, sondern fallen frei und schlangenartig herab; also eine Variante. Daß die Maske durch den Blumenkranz des Symposions (von Epheu oder Tänie vermag ich auf der Abbildung nichts zu erkennen) als Hetäre charakterisiert sei, hat schon Furtwängler angemerkt.

[2]) In einer Komödie des Nikostratos war diese Figur die Titelheldin.

[3]) Furtwängler und Reichhold Griech. Vasenmalerei Taf. 50; danach unsere Abbildung.

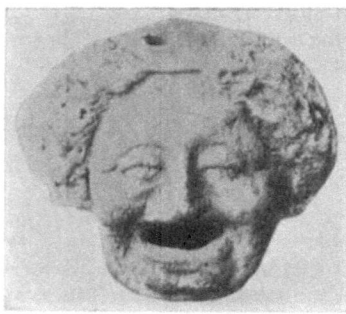

Fig. 81.

Fig. 82.

Sammlung Lecuyer[1] erkannt (Fig 81). Da nun Pollux in dem Abschnitt über das Kostüm der neueren Komödie IV 120 sagt: αἱ δὲ μαστροπαὶ ἢ μητέρες ἑταιρῶν ταινίδιόν τι πορφυροῦν περὶ τῆι κεφαλῆι ἔχουσιν, so haben wir in dieser freundlichen Alten die Kupplerin vor uns. Ihr glaube ich nun in einer Terrakottamaske des Berliner Museums[2] das γράδιον ἰσχνόν oder λυκαίνιον an die Seite stellen zu können (Fig. 82). Das hagere Gesicht, in dem die breiten Backenknochen stark hervortreten, ist von zahlreichen Runzeln durchzogen, den ῥυτίδες λεπταὶ καὶ πυκναί, von denen Pollux spricht; die Augen schielen und der Gesichtsausdruck hat wirklich etwas Wolfsartiges. Der Kranz zeigt, daß die Alte dem Weine nicht abgeneigt ist. Nicht mit gleicher Sicherheit, aber doch mit einem hohen Grad von Wahrscheinlichkeit läßt sich eine andere Maske desselben Museums[3] für das γράδιον οἰκετικὸν ἢ οἰκουρὸν ἢ ὀξύ in Anspruch nehmen (Fig. 83 und 84). Denn das eine von Pollux angegebene Kriterium, die stumpfe Nase, ist deutlich vorhanden. Allerdings fehlt das andere, die vier sichtbaren Backenzähne, während doch bei anderen Masken zuweilen die ganzen Zahnreihen zur Darstellung gebracht sind[4]. Doch mag dies mit der Kleinheit des Köpfchens entschuldigt werden. Auch ist das eigentlich Maßgebende weniger das Vorhandensein der vier Molare als das Fehlen aller übrigen Zähne; denn dies liegt doch wohl in den Worten: ἐν ἑκατέραι τῆι σιαγόνι ἀνὰ δύο ἔχει γομφίους. Dies paßt nun wiederum durchaus auf das Köpfchen, bei dem die Zahnlosigkeit geradezu grandios ist. Und offenbar ist der Mund deshalb so weit aufgerissen, um dies recht deutlich zu zeigen. Auch die Bezeichnung ὀξύ stimmt zu dem Gesichtsausdruck der zahnlosen Alten. Für die Haartracht der drei alten Weiberrollen, von der bei Pollux nichts steht, lernen wir durch diese Bildwerke folgendes: das Haar der παχεῖα und des ὀξύ

---

[1] La Collection Lecuyer I II, angeblich aus Tanagra. H. 0,06. Nach Cartaults Angabe sind die Haare weiß, die Augen blau, das Gesicht rosa, die Lippen purpurfarbig.

[2] T. I. 436. H. 0,092. Aus der Sammlung Bartholdy. Nach neuer Photographie.

[3] T. I. 7597, 32. H. 0,04. Fig. 83 nach neuer Photographie, Fig. 84 nach der von Kekule zur Verfügung gestellten Zeichnung, die auch der Abbildung bei Winter a. a. O. II 428, 6 zugrunde liegt. „Vermutlich aus Kleinasien". Winter. Nach Zahns Mitteilung aus Ephesos.

[4] S. S. 15 Fig. 29; S. 18 Fig. 36; S. 27 Fig. 55; S. 29 Fig. 60.

Die alten Weiber.

Fig. 83.

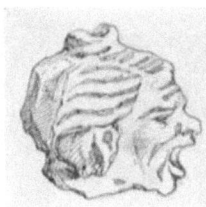

Fig. 84.

ist gescheitelt, aber bei jener an den Schläfen aufgepufft, so daß sie wohl als οὔλη gelten darf, bei diesem glatt zurückgestrichen[1]; das Lykainion aber scheint kahl zu sein und auch aus diesem Grunde den Efeukranz zu tragen.

Die Angaben über die übrigen Teile des Gesichts sind äußerst spärlich. Von der λεκτική und der κόρη wird gesagt, daß ihre Augenbrauen gerade verlaufen, und das muß dann auch wohl von der οὔλη gelten, da diese sich nur durch die Frisur von der λεκτική unterscheidet. Und in der Tat wird es für diese drei Masken durch die Bildwerke bestätigt (Fig. 64—67 und Fig. 69). Aber überhaupt finden wir fast bei allen weiblichen Masken, soweit wir sie oben identifizieren zu dürfen glaubten, dieselben geraden Brauen. Nur das eben für das γράδιον ὀξύ erklärte Terrakottaköpfchen hat die linke Augenbraue hochgezogen, ist also ein ἀνατεταμένον τὴν ἑτέραν, wie der ἡγεμὼν πρεσβύτης und der Lykomedeios.

Die Haarfarbe wird nur bei der σπαρτοπόλιος angegeben, und auch bei dieser nur insofern sie im Namen liegt. Von den γράδια versteht es sich wohl von selbst, daß sie weiß oder grau sind; für die παχεῖα wird dies durch die Terrakotta Lecuyer bestätigt. Von der κόρη heißt es, daß sie schwarze Brauen habe, die in der Tat auf der pompejanischen Maskengruppe stark hervorgehoben sind (s. oben S. 40 Fig. 69).

Über die Augen findet sich nur ein einziges Mal eine Angabe, bei dem λυκαίνιον, das als schielend bezeichnet wird, wie es denn in der Tat das Berliner Terrakottaköpfchen (S. 46 Fig. 82) zeigt. Die Nase des γράδιον οἰκουρόν ist stumpf, die des θεραπαινίδιον παράψηστον ein wenig stumpf. Für das erste bestätigt dies das Berliner Terrakottaköpfchen (Fig. 83 und 84), für das zweite die pompejanische Marmormaske (Fig. 63). Aber auch das λυκαίνιον ist, wie wir sehen, σιμόν, ohne daß dies bei Pollux gesagt ist.

Etwas reichlicher fließen die Angaben über den Teint, von dem wir folgende Abstufungen erfahren: λευκή ist die λεκτική und folglich auch die οὔλη; das λυκαίνιον und die κόρη sind λευκαὶ ὕπωχροι, die ψευδοκόρη A und folglich auch die ψευδοκόρη B sind λευκότεραι als die κόρη, das τέλειον ἑταιρικόν ist ἐρυθρότερον als die ψευδοκόρη, dagegen das ἑταιρίδιον ὡραῖον ungeschminkt, also wohl gleichfalls λευκόν.

Die Gesichtsform wird bei den beiden ersten alten Frauen angegeben: die zweite hat dicke, die erste eingefallene Backen; merkwürdigerweise wird aber bei dieser auch eine Angabe über die Statur daran geknüpft: ἰσχνὸν ὑπόμηκες, eine Zusammenstellung, die auch in der Beschreibung, die Apollonios von Tyros von der Erscheinung des Zenon gab, wiederkehrt: ἰσχνὸς ἦν, ὑπομήκης κτλ (Diog. Laert. VII 1).

---

[1] Die Frisur ist im übrigen der des Neapler θεραπαινίδιον παράψηστον (S. 37 Fig. 63) recht ähnlich.

Nicht minder singulär ist, daß bei den zwei Sklavinnen auch das Kostüm beschrieben wird. Bei den Männermasken geschah dies nur bei dem εἰκονικός, wo es mit zur Charakteristik diente (s. oben S. 32). Hier scheint dies jedoch nicht der Fall zu sein. Es trägt also die περίκουρος einen gegürteten weißen Chiton ohne Obergewand, das παράψηστον einen eben solchen von Scharlachfarbe; ob gleichfalls ohne Obergewand, läßt sich aus den Worten des Pollux nicht entnehmen; doch ist es wahrscheinlich.

Angaben über den Charakter fehlen ganz, soweit sie nicht in den Namen der Maske liegen, wie bei dem λυκαίνιον, dem ὀξύ und der λεκτική.

Wie bei den Männermasken fassen wir auch hier das Ergebnis tabellarisch zusammen:

HAARTRACHT[1]

τρίχες παρεψησμέναι: (οἰκουρόν), λεκτική, κόρη, παράψηστον.
„   „   , περίκομος: λεκτική.
στεφάνη: (παλλακή).
διάκρισις: παχεῖα, [σπαρτοπόλιος].
„   τριχῶν παρεψησμένων: (οἰκουρόν), κόρη, παράψηστον.
„   „   οὔλων: (παχεῖα, ἑταιρίδιον).
περὶ τὸ βρέγμα δεδεμένη: ψευδοκόραι, (ἑταιρικόν).
„   „   „   „   , διάκριτος: ψευδοκόρη Α, (ἑταιρικόν).
„   „   „   „   , ἀδιάκριτος: ψευδοκόρη Β.
οὔλη: οὔλη, (ἑταιρίδιον, παχεῖα).
λαμπάδιον: λαμπάδιον.
βόστρυχοι περὶ τὰ ὦτα: ἑταιρικόν.
περικειρομένη: ἅβρα.
φαλακρά: (λυκαίνιον?).
ταινίδιον: παχεῖα, ἑταιρίδιον.
χρυσός: διάχρυσος.
μίτρα ποικίλη: διάμιτρος.

BRAUEN

ὀρθαί: (παχεῖα, λυκαίνιον), λεκτική, οὔλη, κόρη, (ψευδοκόραι, παλλακή, ἑταιρικόν, ἑταιρίδιον), [διάχρυσος], (διάμιτρος, λαμπάδιον).
ἀνατεταμένη τ. ἑτ.: (οἰκουρόν).

TEINT

λευκὴ ὕπωχρος: λυκαίνιον, κόρη.
λευκή: λεκτική, οὔλη, ψευδοκόραι, [ἑταιρίδιον].
ἐρυθρά: ἑταιρικόν.

---

[1]) Mit Rücksicht auf die Kompliziertheit der Frisuren empfiehlt es sich hier mehr Rubriken zu machen als bei den Männermasken, so zwar, daß dieselbe Maske zuweilen unter verschiedenen Rubriken erscheint.

WANGEN; NASE; AUGEN; MUND
εὐσαρκής: παχεῖα.
ἰσχνή: λυκαίνιον.
σιμή: οἰκουρόν, (λυκαίνιον), παράψηστον.
στρεβλή: (λυκαίνιον).
ἐν ἑκατέραι τῆι σιαγόνι δύο γόμφιοι: οἰκουρόν.

Auch hier füge ich eine Bestimmungstabelle bei:

HAARTRACHT			BRAUEN	BES. KENNZEICHEN	
τρίχες παρεψησμέναι,	περίκομος		ὀρθαί	—	ΛΕΚΤΙΚΗ
„	„	διάκριτος	„	—	ΚΟΡΗ
(„	„)	(„)	(ἀνατεταμένη)	σιμή	ΟΙΚΟΥΡΟΝ
„	„	„	(ὀρθαί)	ὑπόσιμος	ΠΑΡΑΨΗΣΤΟΝ
„	οὖλαι	(ἀδιάκριτος)	(„)	—	ΟΥΛΗ
(„	„)	(διάκριτος)	(„)	ταινίδιον	ΕΤΑΙΡΙΔΙΟΝ
(„	„)	(„)	(„)	„ παχ. ῥυτίδες	ΠΑΧΕΙΑ
?	„	?		σπαρτοπόλιος	ΣΠΑΡΤΟΠΟΛΙΟΣ
(στεφάνη)	περίκομος		(ὀρθαί)	—	ΠΑΛΛΑΚΗ
π. τ. βρ. δεδεμ.	ἀδιάκριτος		(„)	—	ΨΕΥΔΟΚΟΡΗ Β
„	„	διάκριτος	(„)	—	ΨΕΥΔΟΚΟΡΗ Α
(„	„)	„ , βόστρυχοι	(„)	—	ΕΤΑΙΡΙΚΟΝ
λαμπάδιον			(„)	—	ΛΑΜΠΑΔΙΟΝ
περικειρομένη			[„]	—	ΑΒΡΑ
(φαλακρά ?)			(„)	λεπταὶ ῥυτ.	ΛΥΚΑΙΝΙΟΝ
μίτρα ποικίλη			(„)	—	ΔΙΑΜΙΤΡΟΣ
πολὺς χρυσός			[„]	—	ΔΙΑΧΡΥΣΟΣ

Nachdem wir so den Maskenkatalog des Pollux philologisch interpretiert und von einer ganzen Reihe der in ihm vorkommenden Masken eine deutliche Vorstellung gewonnen haben, ist es Zeit nach dem Prinzip zu fragen, auf dem die Klassifizierung beruht. Wir fanden die männlichen Masken in drei Kategorieen: Γέροντες, Νεανίσκοι, Δοῦλοι, die weiblichen in zwei: Γράδια und Νέαι γυναῖκες aufgezählt. Somit scheinen für die Anordnung in erster Linie das Lebensalter und die soziale Stellung maßgebend zu sein; denn wenn auch bei den Frauenmasken die Sklavinnen in derselben Kategorie mit den Bürgerinnen und den Hetären als νέαι γυναῖκες erscheinen, so stehen sie doch dort am Schluß. Aber bei den Männermasken kommen noch zwei Gesichtspunkte hinzu. Erstens lehren die Bildwerke, daß die Masken der ersten und dritten Kategorie, die Alten und die Sklaven, meist einen weitaufgerissenen Mund mit Schalltrichter haben, hingegen die Masken der zweiten Kategorie, die jungen Leute, sowie sämtliche Frauenmasken nicht. Zweitens ist für die Zuteilung zu einer der beiden ersten Kategorieen die Bärtigkeit oder

Bartlosigkeit maßgebend; alles, was Bart hat, gehört zu den Γέροντες, also auch der erste Hermonios, obgleich dieser, wie die Bildwerke zeigen, ein Mann in den besten Jahren ist (s. oben S. 18 Fig. 35—37), alles, was keinen Bart trägt, ist ein Νεανίσκος, also auch der εἰκονικός, obgleich sein Haar bereits ins Graue fällt und seine Bartlosigkeit dem Rasiermesser verdankt wird. Auch die Sklavenmasken sind sämtlich unbärtig; denn die auf der Oberfläche des Schalltrichters gelegentlich angedeuteten Haare, von denen oben S. 27 die Rede war, gelten offenbar nicht als eigentlicher Bart[1]; deshalb werden auch die beiden Köche zu ihnen gerechnet, der Maison und der Tettix, obgleich diese ihrem Lebensalter nach zu den Γέροντες gehören würden, und meist keine Sklaven, sondern Freie waren, also auch ihrer sozialen Stellung nach Anspruch auf die erste Kategorie hätten[2].

Hingegen wird eine andere sehr nahe liegende Unterscheidung nicht gemacht. In jeder der drei ersten Kategorieen stehen nämlich unvermittelt nebeneinander die Masken, die bestimmte Stände — den Begriff in weitestem Sinne genommen —, repräsentieren, und diejenigen, die einen beliebigen Mann von älterem, mittlerem oder jüngerem Alter darstellen, ohne Rücksicht auf einen bestimmten Beruf. Wir wollen die erste dieser beiden Klassen, der unter den tragischen Masken bis zu einem gewissen Grade die ἔκσκενα πρόσωπα[3] entsprechen, als Charaktermasken, die zweite als typische Masken bezeichnen. Zu den Charaktermasken gehören unter den alten Männern der Λυκομήδειος und der πορνοβοσκός, unter den jungen der ἐπίσειστος A als der renommierende Offizier, der κόλαξ, der παράσιτος, der εἰκονικός, der Σικελικός und doch wohl auch der νεανίσκος ἄγροικος, unter den Sklaven der Μαίσων und der τέττιξ. Scheiden wir diese aus, so bleiben in den drei Kategorieen als typische Masken die übrigen, die ich hier tabellarisch zusammenstelle, indem ich jeder dieselbe Nummer gebe, wie oben S. 2 f. beim Abdruck der ganzen Maskenliste:

ΓΕΡΟΝΤΕΣ	ΝΕΑΝΙΣΚΟΙ	ΔΟΥΛΟΙ
1) πάππος A.	1) πάγχρηστος.	1) πάππος.
2) πάππος B.	2) μέλας.	2) ἡγεμών.
3) πρεσβύτης ἡγεμών.	3) οὖλος.	3) κάτω τριχίας.
4) πρεσβύτης μακροπώγων καὶ ἐπίσειστος.	4) ἁπαλός.	4) οὖλος.
5) Ἑρμώνιος A.	7) ἐπίσειστος B.	7) ἡγεμών ἐπίσειστος.
6) σφηνοπώγων.		
7) Ἑρμώνιος B.		

---

[1]) Über die späteren Ausnahmen s. unten. Übrigens bildet auch der Tettix mit seinen dürftigen Bartflocken (S. 15 Fig. 29) gewissermaßen eine Ausnahme; dieser folgt aber bei der Klassifikation dem Maison.

[2]) Athen. XIV 658 f. οὐδὲ γὰρ ἂν εὕροι τις ὑμῶν δοῦλον μάγειρόν τινα ἐν κωμῳδίαι πλὴν παρὰ Ποσειδίππωι μόνωι, und vielleicht beruht selbst diese Angabe auf einem verkehrten Schluß des Athenaeus, vgl. Rankin The role of the μάγειροι in the life of the ancient Greeks p. 19 ss.; Legrand Daos p. 125. Es ist daher sicher unkorrekt, wenn bei Hesych s. v. τέττιξ der Maison und der Tettix als οἱ τῶν μαγείρων ὑπηρέται bezeichnet werden, s. oben S. 12 A. 3.

[3]) S. Pollux IV 141 f.

Innerhalb der einzelnen Kategorieen ist wieder eine Abstufung nach dem Lebensalter unverkennbar. Unter den γέροντες stehen die beiden πάπποι an der Spitze, und von ihnen wird der erste wieder als πρεσβύτατος bezeichnet, es folgen die beiden πρεσβύται, die Männer in reiferem Alter; die beiden Ἑρμώνιοι und der σφηνοπώγων machen den Schluß. Bei den vier ersten Jünglingsmasken wird diese Abstufung noch von Pollux ausdrücklich hervorgehoben, der μέλας ist νεώτερος als der πάγχρηστος, dessen Stirn schon durchfurcht ist, der οὖλος ist μᾶλλον νέος, der ἁπαλός endlich πάντων νεώτατος. Unter den Sklaven steht wieder der πάππος voran, während sich für die vier übrigen Masken eine Altersverschiedenheit weder aus den Worten des Pollux noch aus den Monumenten entnehmen läßt; denn durch die Glatze wird eine solche schwerlich bedingt.

Weiter ist es klar, daß eine Anzahl dieser Masken paarweise so zusammengehören, daß sie Kontraste bilden. Für die beiden πάπποι ist dies schon oben S. 20 gezeigt worden. Aber es gilt auch in gleichem Maße von den beiden πρεσβῦται, denn der ἡγεμών wird durch die hochgezogene Braue als Choleriker charakterisiert, der μακροπώγων mit seinen ruhigen Brauen ist im Gegensatz zu ihm ein ῥωθρός, also ein Phlegmatiker[1]. Auch unter den vier nach dem Lebensalter abgestuften Jünglingsmasken scheinen je zwei paarweise zusammen zu gehören und ähnliche Kontraste zu bilden, nämlich πάγχρηστος und μέλας, οὖλος und ἁπαλός. Der πάγχρηστος hat hochgezogene Brauen und mehrere Runzeln und ist ein großer Palästrite, der brünette μέλας hat ruhige Brauen, und liebt zwar, wie es ja für einen griechischen Jüngling sich ziemt, auch die Palästra, aber ebenso die wissenschaftlichen Studien. Die beiden anderen repräsentieren einen ähnlichen Gegensatz auf jüngerer Altersstufe. Dem οὖλος, der mit dem πάγχρηστος die rötliche Gesichtsfarbe, die hochgezogenen Brauen und die gefurchte, allerdings nur von einer Runzel durchzogene Stirn gemein hat, also abgesehen von dem Haar, als dessen jüngeres Abbild erscheint, steht der weichlich zarte ἁπαλός mit seinem weißen Teint gegenüber, der aber anderseits dieselbe Haartracht hat wie der πάγχρηστος. Bei den Ἑρμώνιοι, die, wie die πάπποι und πρεσβῦται, schon durch den gleichen Namen als Pendants bezeichnet sind, beruht der Gegensatz, soweit sich ein solcher aus Pollux und den Bildwerken erkennen läßt, nicht sowohl auf dem Charakter als auf Äußerlichkeiten wie Haar und Barttracht; der erste hat einen breiten, der zweite einen spitzen Bart, der erste eine Glatze, der zweite einen geschorenen Schädel. Nach einem ähnlichen Gesichtspunkt bilden unter den Sklavenmasken der οὖλος und der κάτω τριχίας, sowie der ἡγεμών θεράπων und der ἡγεμών ἐπίσειστος Pendants. Das zuerst genannte Paar hat Glatze, die aber bei dem οὖλος von krausem, bei dem κάτω τριχίας von glattem Haar umsäumt wird, das zweite Paar trägt Speira, die aber bei dem ersten ἡγεμών ganz um die Stirn herumläuft, während sie sich bei dem zweiten, dem ἐπίσειστος, an den Seiten in Locken auflöst. Beide verhalten sich hinsichtlich der Haartracht genau so zueinander, wie der πρεσβύτης ἡγεμών zum

---

[1] Man könnte versucht sein, in den beiden πάπποι die Vertreter der beiden anderen Temperamente zu sehen, wo dann der als ἡμερώτατος τὰς ὀφρῦς, τὴν ὄψιν κατηφής, τὸ μέτωπον ὑπόφαιδρος beschriebene Ältere den Sanguiniker, der Jüngere, der ἐντονώτερος τὸ βλέμμα καὶ λυπηρός ist, den Melancholiker vorstellen würde.

πρεσβύτης μακροπώγων καὶ ἐπισείων. Nun ist es aber auffallend, daß bei den beiden Ἑρμώνιοι das Prinzip der Duplizität insofern durchbrochen wird, als noch eine dritte Maske hinzukommt, die zwischen beiden in der Mitte steht und von Pollux hinter dem ersten Hermonios genannt wird, während der zweite Hermonios erst am Schluß erscheint, wie in der Liste der Sklavenmasken der zweite oder ἐπίσειστος ἡγεμών. Ich meine den σφηνοπώγων. Dieser hat mit dem ersten Hermonios die Glatze, mit dem zweiten den Spitzbart gemein, so daß hier dieselbe Maske in dreifacher Variation vorzuliegen scheint. Wie das zu erklären ist, wird sich vielleicht an einer späteren Stelle herausstellen, wo wir die Herkunft dieser Maskentypen untersuchen wollen. Eine zweite Ausnahme von der erkannten Norm bildet nach der entgegengesetzten Richtung hin der zweite ἐπίσειστος, indem dieser unter den typischen Masken für sich allein steht, dafür aber in dem Katalog mit einer Charaktermaske, dem στρατιώτης ἀλαζών, der als erster ἐπίσειστος figuriert, ein Paar bildet, aber offenbar nur aus dem äußerlichen Grund des ἐπισείειν. Gegensätze sind freilich vorhanden und werden auch von Pollux hervorgehoben: der erste ist brünett und hat dunklen Teint, der zweite blond, der erste ein Renommist, der zweite weichlicher; aber sie sind, wie man sieht, nicht stark genug um eine Kontrastwirkung hervorzubringen. Vielmehr gehört der zweite ἐπίσειστος mit den ersten beiden Paaren von Jünglingsmasken zusammen; er steht seinem Charakter nach zwischen dem πάγχρηστος und dem ἁπαλός etwa in der Mitte und verhält sich bezüglich der Haartracht zu beiden, wie der πρεσβύτης μακροπώγων καὶ ἐπισείων und der θεράπων ἐπίσειστος auf der einen Seite zu dem ἡγεμὼν πρεσβύτης und dem ἡγεμὼν θεράπων auf der anderen. Tatsächlich isoliert steht aber die Maske des Freigelassenen, der θεράπων πάππος[1].

Auch unter den Charaktermasken lassen sich einzelne solcher Paare erkennen, unter den Alten der Λυκομήδειος und der πορνοβοσκός (ὁ δὲ πορνοβοσκὸς τἆλλα μὲν ἔοικε τῶι Λυκομηδείωι, τὰ δὲ χείλη κτλ.), unter den Jünglingen der Schmeichler und der Parasit, deren Charakteristik Pollux sogar in einem Satz zusammenfaßt (κόλαξ δὲ καὶ παράσιτος μέλανες κτλ.), zu denen aber dann noch nachträglich der Σικελικός als παράσιτος τρίτος tritt, wie vorher der σφηνοπώγων zu den beiden Ἑρμώνιοι, unter den Sklaven die beiden Köche, Maison und Tettix, der erste ein φαλακρὸς πυρρός, der zweite ein φαλακρὸς μέλας.

Der Übersichtlichkeit halber stelle ich die konstatierten Paare wieder in einer Tabelle zusammen:

Typische Masken

ΓΕΡΟΝΤΕΣ	ΝΕΑΝΙΣΚΟΙ	ΔΟΥΛΟΙ
1) πάππος A und B.	πάγχρηστος und μέλας.	—
2) ἡγεμών und μακροπώγων.	οὖλος und ἁπαλός.	ἡγεμών und ἐπίσειστος.
3) Ἑρμώνιος A und B.	—	κάτω τριχίας und οὖλος.

---

[1] Ich spreche hier natürlich nur von dem Verzeichnis des Pollux. Daß es in der Praxis anders war oder anders wurde, davon unten.

Charakter-Masken

Λυκομήδειος und *πορνοβοσκός*.   *κόλαξ* und *παράσιτος*.   *Μαίσων* und *τέττιξ*.

Typische und Charakter-Maske
ἐπίσειστος A und B.

Wiederholt habe ich schon nebenher hervorgehoben, daß auch zwischen einzelnen Masken verschiedener Kategorieen eine Art von Entsprechung stattfindet, sowohl dem Charakter wie der Haartracht nach. Bei dem *ἡγεμὼν θεράπων* merkt dies Pollux ausdrücklich an: τοιοῦτος ἐν τοῖς δούλοις, οἷος ὁ ἐν τοῖς ἐλευθέροις πρεσβύτης ἡγεμών. Aber auch bei den anderen typischen Sklavenmasken, wo Pollux nichts bemerkt, ist dies ebenso deutlich. So entspricht, wie bereits gesagt, der *θεράπων ἡγεμὼν ἐπίσειστος* dem *πρεσβύτης μακροπώγων καὶ ἐπισείων* und dem *νεανίσκος ἐπίσειστος* B, ferner der *θεράπων οὖλος* dem *Λυκομήδειος* und dem *νεανίσκος οὖλος*, der *θεράπων κάτω τριχίας* dem *Ἑρμώνιος* A, der *θεράπων πάππος* den beiden *Γέροντες πάπποι*.

Unter den Frauenmasken fehlen die Charaktermasken entweder so gut wie ganz oder sind nicht ohne weiteres kenntlich. Dagegen springen die kontrastierenden Paare sofort in die Augen, die magere und die dicke Vettel, von denen wir diese als die Kupplerin, also als Charaktermaske erkannt haben, die Ehefrau mit schlichtem und die mit krausem Haar, die beiden vergewaltigten Mädchen, die ausgediente Hetäre und das Kebsweib, die Civetta und die Kokotte, die Sklavin aus dem Bürgerhause und die aus dem Bordell, wie sie die folgende Tabelle zeigt:

ΓΡΑΙΔΙΑ	ΝΕΑΙ ΓΥΝΑΙΚΕΣ	ΕΤΑΙΡΑΙ	ΘΕΡΑΠΑΙΝΑΙ
λυκαίνιον und *παχεῖα*.	*λεκτική* und *οὔλη*	*σπαρτοπόλιος* und *παλλακή*.	*ἅβρα* und *παράψηστον*.
	ψευδοκόρη A und B.	*ἑταιρικόν* und *ἑταιρίδιον*.	

Isoliert steht das Bürgermädchen, die *κόρη*. Doch darf man vielleicht vermuten, daß diese Maske ursprünglich mit der ersten *ψευδοκόρη* ein Paar bildete, und daß die zweite *ψευδοκόρη* erst später als Variante der ersten hinzugekommen ist. Von den übrigen vier Masken ist vielleicht auch das *γραίδιον οἰκουρὸν ἢ οἰκετικὸν ἢ ὀξύ* eine Charaktermaske, während die drei durch die Besonderheit der Haartracht ausgezeichneten Hetärenmasken, *διάχρυσος*, *διάμιτρος* und *λαμπάδιον* nur Nebenformen des *ἑταιρικόν* zu sein scheinen.

Man sieht, die von Pollux beschriebene Maskengarderobe war nach einem wohldurchdachten System angelegt. Wir wollen nun sehen, wie sich die Reste der neueren Komödie zu ihr verhalten. Zwar die Ausbeute, die sich aus den Fragmenten der griechischen Originale gewinnen läßt, ist äußerst gering.

In dem *Κυβερνήτης* des Alexis sagte ein Parasit (Ath. VI 237 B):

δύ' ἐστί, Ναυσίνικε, παρασίτων γένη,
ἓν μὲν τὸ κοινὸν καὶ κεκωμῳδωμένον,
οἱ μέλανες ἡμεῖς,

denen er dann das σεμνότιμον γένος, die Hofschranzen und Generäle, gegenüberstellt. Daß der Parasit hier sich und seinesgleichen als die μέλανες bezeichnet, hat Schweighäuser darauf bezogen, daß nach Pollux IV 119 das Komödienkostüm des Parasiten von schwarzer oder grauer Farbe war[1]. Aber aus Pollux' Worten bei der Beschreibung der Maske: κόλαξ δὲ καὶ παράσιτος μέλανες dürfen wir entnehmen, daß es mindestens ebenso sehr, wenn nicht vornehmlich, auf das Haar ging[2].

Im Anfang des Menanderschen Heros sagt Getas zu Daos V. 5: τί τὰς τρίχας τίλλεις; Dieser trug also eine Maske, von der ein Teil der Haare so lose herabhing, daß der Schauspieler sie raufen konnte, mit anderen Worten: es war der ἡγεμὼν ἐπίσειστος[3]. Sonst wäre nur noch etwa daran zu erinnern, daß bei Alexis das Wort οὐλοκόμος vorkam[4]; ob aber von dem Λυκομήδειος, dem νεανίσκος οὖλος oder dem δοῦλος οὖλος oder auch vielleicht nur von einem Manne, der in dem Stücke gar nicht auftrat, sondern nur beschrieben wurde, wie der Callidemides in der Hekyra des Apollodor und Terenz, wer wollte das erraten?

Damit wären wir schon zu Ende. Bei den Nachdichtungen des Plautus und Terenz, die ursprünglich ohne Masken gespielt wurden, würde man sich nicht wundern, wenn die Personenbeschreibungen der griechischen Originale in freiester Weise umgebildet wären. Um so mehr überrascht es, gerade hier oft die genaueste, ja wörtliche Übereinstimmung mit Pollux zu finden[5]. Ich gehe von einem besonders eklatanten Beispiel, der Schilderung des leno im Rudens, aus V. 317 f.:

recalvom ac silanum senem, statutum, ventriosum,
tortis superciliis, contracta fronte,

und setze die Worte des Pollux daneben: ὁ δὲ πορνοβοσκὸς τὰ δὲ χείλη ὑποσέσηρε καὶ συνάγει τὰς ὀφρῦς, καὶ ἀναφαλαντίας ἐστὶν ἢ φαλακρός. Wer möchte angesichts solcher Übereinstimmung bezweifeln, daß Plautus diese Beschreibung wörtlich aus Diphilos übernommen hat? Wenn vorher derselbe leno V. 125 als *crispus, incanus* bezeichnet wird, so stimmt auch dies insofern zu Pollux, als nach diesem der πορνοβοσκός dem Lykomedeios gleicht, dieser aber οὐλόκομος ist; denn daß sich die οὔλη κόμη mit einer Glatze sehr wohl verträgt, zeigt der θεράπων οὖλος (S. 10f. Fig. 20—22). Wie vorzüglich endlich die Worte des Plautus

---

[1] IV 119 οἱ δὲ παράσιτοι μελαίνῃ ἢ φαιᾷ (ἐσθῆτι χρῶνται).

[2] Vgl. oben S. 25 f. Wieseler a. a. O. S. 77 dachte an den Teint, fügte aber dann in seiner Weise hinzu: „Ja, man fühlt sich gedrungen zu fragen, ob sich τὸ μέλαν nicht auch auf die Haare erstreckt habe".

[3] Dagegen möchte ich daraus, daß in den Epitrepontes nach dem Botenbericht des Onesimos Charisios sich die Haare rauft (V. 398 Lef. βρυγηθμὸς ἔνδον, τιλμός, ἔκστασις συχνή) den gleichen Schluß für dessen Maske nicht ziehen, da ja der Vorgang nur erzählt, nicht vor dem Publikum gespielt wird. Für den Charakter des Charisios paßt nur die Maske des μέλας, nicht die des ἐπίσειστος B.

[4] Pollux II 23, Photios s. v. οὐλοκόμος.

[5] Eine Reihe dieser Stellen führt auch Dieterich Pulcinella S. 47 f. an. Er will aber in ihnen „noch deutlich die alten traditionellen Züge der Figuren der alten Posse" erkennen, was zwar nicht ganz unrichtig, aber doch stark übertrieben ist. Mehr darüber unten.

oder vielmehr Diphilos zu den oben abgebildeten Darstellungen des Bordellwirts passen (S. 17 Fig. 30—33), dies nachzuprüfen darf ich dem Leser überlassen. Allerdings wird sich Plautus inkonsequent, wenn er gegen den Schluß 1303 die Kahlheit des Labrax durch *inraso capite* bezeichnet, als ob er ein ἐν χρῶι κουρίας wäre wie die πάπποι oder ein ἀπεξυρημένος wie der zweite Ἑρμώνιος. Indessen würde das nur einer der Fälle sein, wo sich die lateinischen Komiker bei der Wiedergabe solcher Personenbeschreibungen Freiheiten erlaubten, deren eine noch viel stärkere bekanntlich Donat in der Hekyra des Terenz konstatiert[1], wo es sich freilich um eine nicht auftretende und überhaupt fictive Person handelt. In unserm Falle könnte übrigens Plautus auch das φαλακρός seiner Vorlage so mißverstanden haben, als ob es keine natürliche, sondern durch Rasieren hergestellte Glatze bezeichnete, wofür sich vielleicht Amphitruo V. 462 anführen ließe: *ut ego hodie raso capite calvos capiam pilleum*. Um so schwerer fällt die Übereinstimmung der beiden anderen Stellen mit Pollux und den Bildwerken ins Gewicht. Dagegen stimmt es nicht zu Pollux, wenn im Pseudolus Simo dem leno Ballio zuruft V. 967: *heus tu, qui cum hirquina barba stas, responde, quod rogo*. Hier hat also entweder Plautus die Worte des griechischen Originals geändert, oder der Bordellwirt trat in diesem nicht in der Maske des πορνοβοσκός, sondern in der des σφηνοπώγων auf. Wir kommen darauf unten zurück.

Ferner werden bei Plautus drei von den Jünglingsmasken in Übereinstimmung mit Pollux beschrieben. Im Rudens schildert Trachalio seinen Herrn Plesidippus V. 314 als *adulescentem strenua facie, rubicundum, fortem*. Das ist der πάγχρηστος, ὑπέρυθρος ὑποκεχρωσμένος, ῥυτίδας ὀλίγας ἔχων ἐπὶ τοῦ μετώπου ἀνατεταμένος τὰς ὀφρῦς, und wenn ihn Pollux außerdem als γυμναστικός bezeichnet, so entspricht das dem *fortis* des Plautus. Wir wollen hier gleich anmerken, daß, wenn im Heautontimorumenus V. 1023 Clitipho *severus* genannt wird, dies allerdings zunächst seiner Gemütsstimmung in jener Szene entspricht, aber in dem griechischen Original des Menander konnte diese Stimmung nur durch die Maske des πάγχρηστος ausgedrückt werden, die ja auch im übrigen zu dem Charakter des Clitipho durchaus paßt. Ebenso deutet es auf den πάγχρηστος, wenn im Eunuchen Parmeno von Phaedria erzählt V. 226 f.: *hoc nemo fuit minus ineptus, magis severus quisquam nec magis continens*, und wenn in der Mostellaria in ähnlichem Gedankenzusammenhange Philolaches von sich sagt V. 133: *nam ego ad illud frugi usque et probus fui* und etwas später V. 150 f. *quo neque industrior de iuventute erat (quisquam nec clarior)*[2] *arte gymnastica*. Wenn hingegen in den Captivi Tyndarus beschrieben wird V. 647 f. als *macilento ore, naso acuto, corpore albo, oculis nigris, subrufus aliquantum, crispus, cincinnatus*, so ist das handgreiflich der νεανίσκος οὖλος ὑπέρυθρος τὸ χρῶμα des Pollux, und wenn dort die Locken nicht erwähnt werden, so lernen wir diese durch die Darstellung

---

[1]) Zu Ter. Hecyr. V. 440: *imperite Terentium de Myconio crispum dixisse aiunt, cum Apollodorus calvum dixerit, quod proprium Myconiis est.* Es wäre also, wenn er bei Apollodor aufgetreten wäre, ein erster Hermonios gewesen.

[2]) Nach Ussings Ergänzung.

auf beiden vatikanischen Reliefs (s. oben S. 8 Fig. 14 und 15) als für diese Maske charakteristisch kennen. Nur fallen sie nicht ins Gesicht hinein, sondern hängen hinter den Ohren herab, wie bei dem τέλειον ἑταιρικόν (S. 37 Fig. 62). Der οὖλος ist also kein ἐπίσειστος, sondern ein καταβόστρυχος[1]. Wenn aber im Truculentus der ergrimmte Stratophanes der Hetäre Phronesium gegenüber V. 610 f. seinen glücklichen Nebenbuhler Diniarchus als *moechum malacum, cincinnatum, umbraticulum* bezeichnet, so stimmt dies wieder wörtlich mit der Beschreibung des νεανίσκος ἀπαλός bei Pollux: σκιατροφίας, ἀπαλότητα ὑποδηλῶν. Freilich lesen wir auch diesmal im Text des Pollux nichts von den Locken, vielmehr daß die Haartracht dieselbe war, wie beim πάγχρηστος, also in der Stephane bestand; aber daß diese beim ἀπαλός mit Locken verbunden war, die hinter den Ohren herabfielen, ersehen wir aus dem pompejanischen Bild, auf dem wir oben den ἀπαλός erkannt haben (S. 31 Fig. 61)[2]. Der στρατιώτης ἀλαζών hieß nach Pollux in der Bühnensprache ἐπίσειστος A, und in der Tat wird an dem Pyrgopolynices des Plautus das lange Haar als Hauptcharakteristikum hervorgehoben: „*vide caesaries quam decet*" sagen nach der Behauptung des Parasiten die in ihn verliebten Weiber V. 64; *miles caesariatus* wird er V. 768 genannt. Das ist also offenbar das dem griechischen ἐπίσειστος entsprechende lateinische Wort. Wenn dafür V. 923 *cincinnatus* steht, so ist das wohl eine ähnliche Freiheit wie *inraso capite* für φαλακρός. Denn lange gedrehte Locken lassen sich wohl mit dem Kraushaar des οὖλος, aber kaum mit dem langen struppigen Haar des ἐπίσειστος verbinden.

Nun zu den Sklavenmasken. In der Asinaria wird der Sklave Leonida so beschrieben V. 400 f.: *macilentis malis, rufulus aliquantum, ventriosus, truculentis oculis, commoda statura, tristi fronte*. Das ist der θεράπων ἡγεμών, über den wir bei Pollux lesen: σπείραν ἔχει πυρρῶν τριχῶν, ἀνατέταται τὰς ὀφρῦς, συνάγει τὸ ἐπισκύνιον, er selber oder sein nur durch die Haartracht unterschiedenes Abbild, der ἡγεμὼν ἐπίσειστος. Die *malae macilentae* und die *oculi truculenti*, von denen Pollux nichts sagt, lassen sich auf den oben[3] nachgewiesenen bildlichen Darstellungen dieser Maske deutlich erkennen. Sehr ähnlich ist die Beschreibung, die im Pseudolus von dem Titelhelden gegeben wird V. 1217 ff.: *rufus quidam, ventriosus, crassis suris, subniger, magno capite, acutis oculis, ore rubicundo, admodum magnis pedibus*. Auch der Pseudolus wurde demnach in dem griechischen Original in der Maske eines der beiden θεράποντες ἡγεμόνες gespielt. Denn bei dem κάτω τριχίας oder dem οὖλος würde in der Beschreibung

---

[1] So wird, vermute ich, der technische Bühnenausdruck für *cincinnatus* im Griechischen gelautet haben, der, vielleicht durch Schuld des Epitomators, bei Pollux im Katalog der komischen Männermasken nirgends vorkommt; vgl. Euripides Phoen. 146 von Parthenopäos. Doch heißt es im Verzeichnis der tragischen Masken 134 f. vom λευκὸς ἀνήρ: βοστρύχους δ' ἔχει περὶ τῆι κεφαλῆι, vom ξανθὸς ἀνήρ: ξανθοὺς ἔχει βοστρύχους und vom νεανίσκος ἀπαλός: βοστρύχοις ξανθός. S. die pompejanische Maskengruppe Arch. Zeit. XXXVI 1878 Taf. 4, 2; 5, 1 und dazu ebenda S. 22. Auch Aristaenet II 19 und Heliodor VII 10 gebrauchen das Wort καταβόστρυχος, sicherlich nach der Komödie.

[2] Es mag daran erinnert werden, daß auch in der Tragödie der ἀπαλός ein *cincinnatus* war, s. die vorige Anmerkung.

[3] Siehe S. 4 Fig. 4 und 6, S. 6, Fig. 12, S. 27 Fig. 56, S. 42 Fig. 72.

das augenfällige Kriterium der Glatze nicht übergangen worden sein. Außerdem hat der οὖλος keine *oculi acuti*; denn er ist, wie wir oben (S. 30) gesehen haben, die sanfteste aller Sklavenmasken. Auch der Davus im Phormio ist *rufus* V. 17. Da aber ein weiteres Kriterium nicht angegeben wird, läßt sich wenigstens aus den Worten des Terenz nicht entnehmen, in welcher Maske er bei Apollodor gegeben wurde. Höchstens könnte man einerseits aus seinem Charakter, andrerseits aus den Illustrationen der Terenzhandschriften Schlüsse ziehen. Darüber weiter unten. Verschwiegen darf nicht werden, daß dreimal bei Plautus auch von einem Bart der Sklaven die Rede ist, in der Casina sowohl bei Olympio V. 466: *solet hic barbatos sane sectari senex* wie bei dem als Braut verkleideten Chalinus V. 929: *ita quasi saetis labra mea mihi compungit barba* und im Amphitruo V. 445 bei Sosia und dem die gleiche Maske tragenden Mercur. Ist das Zutat des Plautus oder hatten die vier Masken auch in den griechischen Originalen einen Bart? In diesem Falle könnte es sich nur um die kurzen den Mund umgebenden Barthaare handeln, von denen oben die Rede war (S. 27). Für den Chalinus der Casina geht dies daraus hervor, daß er als Mädchen verkleidet ist[1], was sich mit einem langen Vollbart, auch bei Verschleierung, schlechterdings nicht verträgt; für den Amphitruo aber muß unbedingt dasselbe angenommen werden, weil ein in einen langbärtigen Menschen verwandelter Hermes notwendig den Gedanken an die archaischen Hermesbilder wachrufen mußte, was der Dichter des Originals gewiß vermieden hat.

Kehren wir nun zu den Greisenmasken zurück, von denen wir im Beginn dieser Betrachtung den Bordellwirt schon behandelt haben. Daß im Mercator der alte verliebte Demipho, der *vetulus decrepitus senex* (314, vgl. 291), dem ersten Pappos entspricht, versteht sich von selbst, und es lehrt daher nichts Neues, wenn V. 305 von seinem *canum caput* die Rede ist. Aber wichtig ist die ausführliche Beschreibung des Alten V. 639 ff. *canum, varum, ventriosum, bucculentum, breviculum, subnigris oculis, oblongis malis, pansam aliquantulum*, weil in ihr die *malae oblongae* dem ἰσχνὸς τὰς παρειάς des Pollux entsprechen. Im übrigen vergleiche man mit den Worten des Plautus den S. 20 Fig. 44. 45 abgebildeten herrlichen Dresdener Pappos. Weißes Haar hat auch der Periplectomenus im Miles, von dem Palaestrio V. 631 f. rühmt: *si albicapillus hic, videtur neutiquam ab ingenio senex. inest in hoc emussitata sua sibi ingenua indoles*, und dazu wie zu der Rede 637 ff., in der er sich so trefflich selbst charakterisiert, paßt das: τὸ μέτωπον ὑπόφαιδρος des Pollux. Auch der Theopropides der Mostellaria ist trotz seiner Ängstlichkeit und Borniertheit ein freundlicher alter Herr; sein *caput candidum* wird V. 1148 erwähnt, also gleichfalls ein erster Pappos; ebenso der verliebte Lysidamus in der Casina (V. 518 *cano capite*). Dagegen ist der Crito in der Andria der zweite Pappos; denn V. 857 heißt es von ihm: *tristis severitas inest in voltu*, was dem ἐντονώτερος τὸ βλέμμα καὶ λυπηρός bei Pollux entspricht.

---

[1]) Eine Sklavenmaske mit weiblicher Haartracht, also in gleicher Verkleidung wie Chalinus in der Casina Fig. 1 und Fig. 107; darüber unten mehr.

Weit weniger zahlreich und, wie ich fürchte, auch weniger unmittelbar überzeugend sind die Fälle, wo bei den Frauenmasken eine ähnliche Übereinstimmung mit der Beschreibung des Pollux zu erkennen ist. Im Truculentus kommt eine Hetärensklavin vor, das Astaphium. Diese würde nach Pollux in der Maske des παράψηστον zu spielen sein. Nun droht ihr der Truculentus V. 287 f.: *iam hercle ego istos fictos compositos crispos cincinnos tuos unguentatos usque ex cerebro exvellam*. Das scheint der Beschreibung des Pollux zu widersprechen, nach der diese Maske gescheiteltes und glatt gestrichenes Haar hatte. Aber die beiden oben (S. 37) nachgewiesenen Darstellungen zeigen mit dieser Frisur lose hinter den Ohren herabfallende Haare verbunden, die bei der Neapler Maske in der Tat runde Locken bilden. Wo im Miles Acroteleutium als *matrona*, also als λεκτική oder οὔλη, ausstaffiert werden soll, heißt es V. 791 f. *itaque eam huc ornatam adducas, ex matronarum modo, capite compto, crinis vittasque habeat*; aber diese Wendung ist so allgemein, daß sich nichts daraus entnehmen läßt. Im Eunuchen rühmt Chaerea an der Pamphila den *color verus*, V. 318. Das würde dem ἀκαλλώπιστον des Pollux in der Schilderung des ἑταιρίδιον ὡραῖον entsprechen. Aber Pamphila ist stumme Person und trat daher wahrscheinlich auch bei Menander ohne Maske auf[1]. Noch weniger darf aus Mostellaria V. 258 ff., selbst wenn diese Verse aus dem griechischen Original stammen sollten, geschlossen werden, daß dort Philematium als ἑταιρίδιον ὡραῖον auftrat, da sie ihrem ganzen Charakter nach ein τέλειον ἑταιρικόν oder eine διάχρυσος ist.

Ist also auch die Ausbeute bei den Frauenmasken minimal, so findet sich doch andrerseits auch nichts, was den Angaben des Pollux widerspräche. Die weitgehende Übereinstimmung bei den Männermasken aber zeigt, daß in der Blütezeit der νέα wirklich mit solchen Masken gespielt worden ist. Da nun aber, wie wir oben (S. 53) sahen, diese Maskengarderobe ein einheitliches, auf einem wohldurchdachten System beruhendes Ganzes bildet, so dürfen wir einerseits schließen, daß sie so gut wie vollständig ist, andrerseits, daß sie keine oder höchstens nur die eine oder andere Maske enthält, die erst in späterer, etwa römischer Zeit hinzugekommen ist. Das alles führt darauf, daß sie auf eine Quelle zurückgeht, die der Blütezeit der neueren Komödie zeitlich sehr nahe stand.

Ehe wir aber die weitere Frage nach dem Verfasser stellen, möchte ich noch auf die merkwürdige Übereinstimmung hinweisen, die in einigen Punkten zwischen diesem Maskenverzeichnis und den beiden peripatetischen Traktaten über Physiognomik obwaltet, die uns unter Aristoteles' Namen überliefert sind[2]. Der erste dieser Traktate vertritt im neunten Kapitel (p. 806 b) die Ansicht, daß weiches Haar auf Feigheit, hartes auf Stärke deutet: τὰ δὲ τριχώματα τὰ μὲν μαλακὰ δειλόν, τὰ σκληρὰ ἀνδρεῖον und begründet dies unter anderen durch den Hinweis auf die Nord- und die Südländer. Legt schon dies die Vermutung nahe, daß nach der Meinung des Verfassers hartes Haar in der Regel blond, weiches schwarz ist, so wird dies zur Gewißheit durch den Satz in

---

[1]) S. die Statisten auf dem Bilde aus casa della fontana grande (S. 5 Fig. 7—9, S. 22 Fig. 48—50).
[2]) S. R. Foerster Scriptores physiognomici I p. XVIII ff.

der Beschreibung des εὐφυής 15 (p. 807 b): τριχωμάτιον μὴ λίαν σκληρὸν μηδὲ λίαν μέλαν, wo, wie man sieht, μέλαν geradezu als synonym von μαλακόν steht. Hält man sich dies gegenwärtig, so wird mit einem Male ein dunkler Passus des Pollux verständlich, dessen Besprechung ich mit Absicht für diese Stelle aufgespart habe: κόλαξ δὲ καὶ παράσιτοι μέλανες, οὐ μὴν ἔξω παλαίστρας, d. h. der Schmeichler und der Parasit haben schwarzes Haar, sehen also wie Weichlinge aus, jedoch geht das nicht soweit, daß man ihnen nicht den Verkehr in' der Palästra[1], deren Gerät sie ja auch als Attribute tragen, anmerkt. Dasselbe gilt natürlich auch vom νεανίσκος μέλας, wo der gleiche Gedanke durch φιλογυμναστῆι ἐοικώς ausgedrückt wird, und von dem ebenfalls schwarzhaarigen ersten Episeistos, wo es, da es sich um einen Soldaten handelt, nicht gesagt zu werden braucht. Nach dem zweiten Traktat Kap. 60 p. 811a sind dicke Lippen ein Zeichen von Dummheit: οἱ δὲ τὰ χείλη παχέα ἔχοντες μωροί. Solche Lippen — nur daß πλατέα statt παχέα steht, was in diesem Fall auf dasselbe herauskommt — hat nach Pollux die Maske des νεανίσκος ἄγροικος, und wir wissen also jetzt, was das zu bedeuten hat. Am frappantesten ist die Übereinstimmung bei der Deutung der Hautfarbe. Der ἀναιδής ist nach dem ersten Traktat 17 (p. 807 b) ἐπίπυρος τὸ σῶμα, τὸ χρῶμα ὕφαιμον, nach dem zweiten, der in Kap. 67 (p. 812a) über die Hautfarbe im Zusammenhang handelt, sind οἱ πυρροὶ ἄγαν πανοῦργοι. Solchen Teint hat nach Pollux der θεράπων οὖλος. Der Feige hat nach I 14 p. 807b einen gelblichen Teint, ebenso heißt es II 67 p. 812a οἱ δὲ ἔνωχροι τεταραγμένοι τὸ χρῶμα δειλοί. Solchen Teint bezeugt Pollux für den zweiten Pappos, das Lykainion und die κόρη. Über den schwarzen und den weißen Teint urteilen die beiden Traktate verschieden. Nach dem zweiten 67 p. 812a sind beide ein Zeichen von Feigheit, dieser noch in höherem Grade als jener. Nach dem ersten 22 p. 808a hat der πικρός schwarzen Teint und ebensolches Haar (μελανόχρως εὐθύθριξ καὶ μελάνθριξ). Nun schließen sich einerseits diese Eigenschaften keineswegs aus, und andrerseits ist es der die beiden Traktate durchziehende, übrigens auf Aristoteles selbst zurückgehende Grundgedanke[2], daß ein physiognomisches Merkmal allein noch kein Urteil über den Charakter gestattet, sondern nur die Kombination mehrerer Merkmale. So finden sich denn in dem στρατιώτης ἀλαζών meistens πικρότης und δειλία verbunden, und von dessen Maske sagt Pollux τὴν χροιὰν μέλανι καὶ μελαγκόμηι, wie der erste Traktat vom πικρός. Dieselbe Hautfarbe bezeugt Pollux noch für den ἄγροικος, den wir z. B. im Chremes des Eunuchen vor uns haben. Dieser ist nun entschieden kein δειλός, aber ausgesprochen ein πικρός. So kann eben die bleiche Gesichtsfarbe sowohl die Verbindung beider Eigenschaften als eine von ihnen allein bezeichnen. Ähnlich steht es mit δειλόν und dem λάγνον, welche Eigenschaften die weiße Gesichtsfarbe anzeigen soll (I 31. II 67). Pollux bezeugt diese für den ersten Pappos, den νεανίσκος ἁπαλός, die λεπτική, die οὔλη und die ψευδοκόρη. Der erste Pappos ist in der Casina ausgesprochen ein λάγνος, in der

---

[1] Den Einfluß der Palästra auf das Aussehen der Haare hebt schon Euripides hervor, El. 527 ff. ἔπειτα χαίτης πῶς συνοίσεται πλόκος, ὁ μὲν παλαίστραις ἀνδρὸς εὐγενοῦς τραφείς, ὁ δὲ πτενισμοῖς θῆλυς; Bacch. 455 f. πλόκαμός τε γάρ σου ταναός, οὐ πάλης ὕπο, γένυν παρ' αὐτὴν κεχυμένος, πόθου πλέως.

[1] Anal. pr. 70 b 7. Vgl. R. Foerster Philologische Abhandlungen für M. Hertz S. 287.

Mostellaria ebenso ausgesprochen ein δειλός; ähnlich wird es mit dem νεανίσκος ἁπαλός gewesen sein, der übrigens gelegentlich auch beide Eigenschaften in sich vereinigen konnte. Bei den vier Frauenmasken hingegen, den Ehefrauen und den verführten Mädchen, bedeutet die bleiche Farbe gewiß in der Regel die Ängstlichkeit. Endlich bemerkt der zweite Traktat (67 p. 812a) über die rote Gesichtsfarbe: οἷς τὸ χρῶμα ἐρυθρόν, ὀξεῖς. Solchen Teint hatten nach Pollux der νεανίσκος πάγχρηστος, der νεανίσκος οὖλος und das τέλειον ἑταιρικόν, lauter Charaktere, denen niemand die ὀξύτης absprechen wird. Natürlich finden sich auch Abweichungen, wie ja die beiden Traktate auch unter sich nicht immer übereinstimmen. So lesen wir II 61 (p. 811a) über die krummen und die stumpfen Nasen: οἱ ἐπίγρυποι ἀπὸ τοῦ μετώπου εὐθὺς ἀγομένην (ῥῖνα ἔχοντες) ἀναιδεῖς οἱ δὲ σιμὴν ἔχοντες λάγνοι. Nun sind nach Pollux ἐπίγρυποι der πρεσβύτης ἡγεμών, der Parasit und der Schmeichler, Charaktere, von denen die beiden letzten zweifellos ἀναιδεῖς sind, dagegen niemals oder nur in ganz seltenen Ausnahmefällen die erste. Eine Stumpfnase wird bei dem ἄγροικος und dem παράψηστον erwähnt. Dieses mag häufig als λάγνον charakterisiert worden sein, jener selten oder nie. Niemand wird sich über diese Differenzen verwundern. Worauf ich hinaus will, ist, daß bei Ausgestaltung der Masken ähnliche, wenn auch keineswegs völlig identische, physiognomische Gesichtspunkte mitgesprochen haben, wie sie in den beiden peripatetischen Traktaten niedergelegt sind, und daß der Schriftsteller, auf den das Verzeichnis zurückgeht, mit diesen Gesichtspunkten bekannt war und solche Bekanntschaft auch bei seinen Lesern voraussetzte. Weil es mir hierauf ankam, habe ich nur mit solchen Masken operiert, für die das betreffende Kriterium bei Pollux bezeugt wird, unter Ausschluß derjenigen, für die wir das Vorhandensein desselben Kriteriums nur durch die Bildwerke lernen.

In seiner Dissertation De Iulii Pollucis in apparatu scaenico enarrando fontibus hat bekanntlich Erwin Rohde den Nachweis geführt, daß Pollux den Abschnitt über das griechische Theater aus der θεατρικὴ ἱστορία des Juba entnommen, Juba selbst aber, wenn auch nicht direkt, so doch durch Mittelglieder aus Aristophanes von Byzanz geschöpft hat. Speziell für die Maskenkapitel ließ sich dieser Nachweis aus Mangel an Parallelstellen allerdings nicht erbringen; aber es versteht sich von selbst, daß, was für das Ganze erwiesen ist, auch für diesen Teilabschnitt gilt. Schon vor Rohde hatte August Nauck auf die Möglichkeit hingewiesen, daß die Angaben des Pollux zum großen Teil auf Aristophanes von Byzanz, und zwar auf dessen Monographie περὶ προσώπων, zurückgehen könnten[1], und mit etwas größerer Bestimmtheit, wenn auch immer noch etwas zaghaft, hat dasselbe Leopold Cohn ausgesprochen[2]. Sehen wir nun, wie vorzüglich dies Verzeichnis zu den Stücken aus der Blütezeit der νέα paßt, wie nahe es sich mit den physiognomischen Anschauungen der hellenistischen Zeit berührt, vor allem aber wie systematisch es angelegt ist, so dürfen wir im Anschluß an die genannten Forscher nicht ohne Zuversicht behaupten, daß wir in jenen Kapiteln des Pollux den Maskenkatalog des großen alexandrinischen Grammatikers vor uns haben, und zwar vollständig und ohne spätere

---

[1] Aristophanis Byzantii fragmenta p. 275 s.
[2] In Pauly-Wissowas Realencyklopädie unter Aristophanes v. Byzanz II Sp. 1004.

Zutaten. Allerdings kann sich diese Schrift, die doch höchst wahrscheinlich auch für die drei Bücher des Varro de personis sowohl Anregung als Quelle gewesen ist, nicht auf diese bloße Registrierung beschränkt haben. Schon die oben aus ihr angeführten Fragmente (S. 12) zeigen, daß Aristophanes auch über Herkunft und Bedeutung der Namen gehandelt hat, und so kann Nauck sehr wohl auch mit seiner weiteren Vermutung recht haben, daß auch die gebräuchlichsten komischen Personennamen, wie Smikrines, Moschion, Daos usw., in den Bereich der Betrachtung gezogen waren[1].

Das wird noch deutlicher werden, sobald wir nun das ganze Verzeichnis noch einmal Revue passieren lassen. Denn wenn wir auch bei Wege einen großen Teil der Masken bereits charakterisiert und sehr viele von ihnen in den Bildwerken nachgewiesen haben, so erscheint doch solche Rekapitulation nicht überflüssig, zumal sich dabei einige Ergänzungen anbringen lassen, für die sich bis jetzt noch kein rechter Platz gefunden hat. Ich folge dabei der Anordnung des Pollux, die ohne Zweifel auch die des Aristophanes von Byzanz war, bezeichne die Masken mit den Nummern, die ich ihnen oben S. 2 ff. und S. 36 bei Abdruck des Polluxtextes gegeben habe, fasse aber die verwandten oder kontrastierenden Rollen gruppenweise zusammen.

Die beiden πάπποι (ΓΕΡ 1. 2). Vgl. oben S. 20 Fig. 43—45. Der joviale, sanguinische, zuweilen verliebte, auch wohl ängstliche und der bissige, verschlagene, auch wohl melancholische Greis, Gegensätze wie Demipho und Lysimachus im Mercator, Callipho und Simo im Pseudolus. Außerdem haben wir bereits oben S. 57 den ersten Pappos in dem Periplectomenus des Miles, dem Theopropides der Mostellaria und dem Lysidamus der Casina, den zweiten im Crito der Andria erkannt.

Ein ähnliches Paar bilden der cholerische πρεσβύτης ἡγεμών und der phlegmatische πρεσβύτης μακροπώγων (ΓΕΡ 3. 4), Gegensätze wie Nikeratos und Demeas in der Samierin, Menedemus und Chremes im Heautontimorumenos, Demea und Micio in den Adelphoe. Nur bringt es natürlich die Natur der dramatischen Handlung mit sich, daß auch der πρεσβύτης μακροπώγων trotz seiner νωθρότης manchmal ganz gehörig in Zorn geraten kann, wie der Demeas in der Samierin. Andrerseits ist es bei Menander die Spezialität dieser Maske, daß sie eine seicht philiströse Lebensweisheit zur Schau trägt und sehr bereit ist, diese anderen, ohne daß sie darum gebeten haben, aufzudrängen. Ein köstliches Beispiel hierfür ist der Pataikos in der Perikeiromene. Den πρεσβύτης ἡγεμών haben wir bisher nur aus dem Pariser Terenz kennen gelernt (S. 29 Fig. 59); den πρεσβύτης μακροπώγων καὶ ἐπισείων zeigt, wie wir oben (S. 6 Fig. 11) gesehen haben, das Neapler Relief, das ich hier vollständig hersetze (Fig. 85)[2]. Hier sehen wir den νωθρός in großer Erregung. Kein Wunder; denn sein Sohn, ein ἐπίσειστος B, kehrt eben taumelnd von einem Gelage zurück und singt, in der erhobenen Rechten eine

---

[1]) Das obscure Buch des Homeros Sellios oder Sillios (Suid. s. v.) kann als Quelle des Pollux nicht in Frage kommen, es sei denn, daß es eine Epitome aus Aristophanes gewesen wäre.

[2]) Nach der Alinarischen Photographie; vgl. oben S. 6 f. Jetzt auch in Brunns Denkmälern der griech. und röm. Skulptur 630.

Fig. 85.

Hypothymis[1] schwingend, unter der musikalischen Begleitung einer kleinen Flötenspielerin ein lustiges Lied, während ein Sklave, ein ἐπίσειστος ἡγεμών, die unsicheren Schritte seines trunkenen Herrn stützt, in der Tat ein Anblick, der dem alten „Pataikos" an Herz und Nieren gehen muß, so daß es seinem Freund nur mit Mühe gelingt, ihn von Handgreiflichkeiten zurückzuhalten. Dieser Freund trägt das Haar zu einer Stephane geordnet und hat einen Vollbart, dessen unterer Teil aus vier gedrehten archaistisch stilisierten Locken besteht. Obgleich der Situation und der ihm in dieser zufallenden Rolle entsprechend, die rechte Augenbraue nicht

---

[3] Das seltsame Mißverständnis, das in dieser so deutlich wie möglich charakterisierten Hypothymis eine Geißel sehen will, mit der der junge Herr seinen Sklaven bedrohe, erwähne ich nur, ohne mich weiter dabei aufzuhalten. Vgl. auch oben S. 16 A. 3.

Die beiden πρεσβῦται.

Fig. 86.

allzusehr emporgezogen ist[1], werden wir doch kein Bedenken tragen, in ihm das Gegenstück zu dem πρεσβύτης μακροπώγων, den ἡγεμὼν πρεσβύτης, zu erkennen. Dieselben vier gedrehten Bartlocken weist nun auch die bärtige Maske auf dem Menanderrelief (S. 4 Fig. 5) auf, die also ebenfalls der ἡγεμὼν πρεσβύτης sein muß, obgleich hier die rechte Augenbraue überhaupt nicht emporgezogen ist. Dagegen ist der Alte, der sich in der oben S. 24 Fig. 53 abgebildeten Komödienszene vom Fries der casa del centenario mit dem überlegen lächelnden θεράπων πάππος unterhält, unverkennbar der πρεσβύτης μακροπώγων καὶ ἐπισείων. Die Situation erinnert außerordentlich an die letzte Szene zwischen Smikrines und Onesimos in den Epitrepontes (464 ff. Lef.). Und mit allem Vorbehalt, den die häufige Wiederholung derselben Situation in verschiedenen Stücken der νέα uns zur Pflicht macht, kann ich doch die Vermutung nicht unterdrücken, daß wir hier wirklich eine Illustration dieser Szene vor uns haben. Auch in einer anderen Szene von demselben Fries (Fig. 86)[2] ist der Alte offenbar der πρεσβύτης μακροπώγων, der Sklave entweder der θεράπων ἡγεμών oder wahrscheinlicher der ἡγεμὼν ἐπίσειστος. Auch hier fällt einem sofort eine Menanderszene ein, die zwischen Demeas, den wir als den μακροπώγων schon eben (S. 61) erkannt haben, und Parmenon. Und die Stelle, wo der Alte sagt: οὗτος, βλέπε δεῦρ', und der Sklave erwidert: ἰδού, λέγε [3] (V. 97) paßt zu dem Bilde so vorzüglich, daß mir hier die Annahme einer direkten Illustration noch wahrscheinlicher erscheint, als bei der zuerst besprochenen Szene.

Wir kommen zu den beiden Hermonioi ΓΕΡ 5. 9 (S. 18 Fig. 35—37 und S. 21 Fig. 46. 47). Über diese liest man im Etymologicum magnum p. 376, 48: 'Ἑρμάνεια πρόσωπα οὕτω καλούμενα ποιὰ ἀπὸ Ἕρμωνος τοῦ πρῶτον εἰκονίσαντος. Nun kennen wir einen komischen Schauspieler Hermon aus Pollux IV 88 und dem Scholion zu Aristophanes' Wolcken 542, aus dem wir weiter ersehen, daß er ein Zeitgenosse des Aristophanes war. Sehr glücklich hat dann Valentin Rose seinen Namen auch in dem Schluß der Eirene-Hypothesis hergestellt: τὸ δὲ δρᾶμα ὑπεκρίνατο Ἀπολλόδωρος, ἡνίκα Ἕρμων ὁ ὑποκριτής, wo ἡνίκα ἑρμῆν λοιοκρότης überliefert ist. Schlagend richtig hat Meineke Hist. crit. I

---

[1]) Mehr darüber unten

[2]) Monumenti dell' Instituto XI tav. 30; danach unsere Abbildung. Vgl. Maaß Ann. d. Inst. LII 1881 p. 185, der bereits den πρεσβύτης μακροπώγων richtig erkannt hat.

[3]) So nach Jensens vortrefflicher Lesung und Ergänzung (Rhein. Mus. LXV 1910 S. 555).

p. 562 die Ἑρμώτεια πρόσωπα auf diesen Hermon zurückgeführt[1], sei es, daß er sie erfunden hat, sei es, daß er zuerst in ihnen aufgetreten ist, sei es, daß beides der Fall war. Wenn Erwin Rohde (Kleine Schriften II 419) dagegen eingewendet hat, daß diese Masken der νέα angehören, und deshalb lieber an einen Maskenfabrikanten Hermon aus späterer Zeit denken wollte, so hat er nicht beachtet, daß die neuere Komödie sehr wohl einen Teil ihrer Masken von der älteren Komödie übernommen haben kann und daß das für eine der Masken, den Maison, sogar feststeht (s. oben S. 12). Jetzt wo uns die Bildwerke das Aussehen dieser beiden Masken kennen gelehrt haben, wird Meinekes Entdeckung glänzend bestätigt. Denn der zweite Hermonios trägt den altertümlichen Spitzbart, paßt also durchaus in die alte Komödie. Der Bart des ersten Hermonios aber hat die im fünften Jahrhundert moderne Form, wie wir sie z. B. bei Sophokles finden. Das scheint freilich für das alte Possenspiel nicht zu passen, aber es paßt für dessen jüngste Ausläufer, die schon zur mittleren und neueren Komödie hinüberleiten. Den Chremylos des Plutos z. B. kann man sich sehr wohl in dieser Maske gespielt denken. Sie ist die vornehmste aller Komödienmasken, ein kräftiger Mann aus dem Bürgerstand in der Blüte seiner Jahre. In den uns bekannten Stücken der neueren Komödie kann ich sie freilich nicht nachweisen. Über die an den ersten Hermonios erinnernde Personalbeschreibung des fingierten Gastfreundes aus Mykonos in der Hekyra des Apollodor ist schon oben gesprochen worden (S. 55 A. 1). Auch der mehr burleske zweite Hermonios scheint in den uns bekannten Stücken nicht vorzukommen. Dagegen dürfte der mit dem zweiten Hermonios in der Haartracht übereinstimmende **Sphenopogon** ΓΕΡ 6 (S. 19 Fig. 38—40), der Intrigant (ὑποδύστροπος), die gegebene Maske für Charaktere wie den Lyco im Curculio und den Misargyrides in der Mostellaria sein.

Was sich für die Ἑρμώνιοι so gut wie beweisen läßt, hat nun Meineke auch für den **Lykomedeios** ΓΕΡ 7 (S. 9 Fig. 16—19) vermutet, und dieser Vermutung wird sich ein hoher Grad von Wahrscheinlichkeit nicht absprechen lassen, zumal auch diese Maske die Haartracht des fünften Jahrhunderts trägt und in Terrakotten vorliegt, die vor die neuere Komödie fallen (Fig. 16 und 17). Danach hätte also ein sonst unbekannter Schauspieler Lykomedes diese Maske erfunden. Ihr Charakterzug ist nach Pollux die πολυπραγμοσύνη. Wie sehr die neuere Komödie es liebte, sich mit Charakteren dieser Art zu beschäftigen[2], sieht man auch daraus, daß nicht weniger als drei Komiker Stücke mit dem Titel Πολυπράγμων verfaßt haben, Heniochos, Timokles und Diphilos. Es ist der Wichtigtuer, der sich in alles hineinmischen muß[3]. Doch zeigt seine Maske auch einen Zug von Gutmütigkeit. Nachweisen läßt sie sich in den bekannten Stücken nicht. Oder

---

[1]) Wenn Albert Müller in seinem Lehrbuch S. 272 A. 2 Meinekes Ansicht als sehr zweifelhaft bezeichnet, so ist das nur ein weiterer Beleg für die dieses ganze Werk durchziehende Kritiklosigkeit.

[2]) Vgl. hierzu und zum folgenden das Kapitel über die Personen in dem vorzüglichen Buch von Legrand Daos p. 64 ff. und die grundlegenden Beobachtungen von Leo Plautinische Forschungen S. 118.

[3]) Von Theophrast Char. 13 wird dieser Charakter unter dem Titel περιεργία beschrieben; aus der köstlichen Schilderung mag der Satz: καὶ τὸν στρατηγὸν προσελθὼν ἐρωτῆσαι, πότε μέλλει παρατάττεσθαι καὶ τί μετὰ

sollten wir oben den Pataikos mit Unrecht als μακροπώγων angesprochen haben, und sollte er in Wahrheit ein *Λυκομήδειος* gewesen sein?

Der Bordellwirt *ΓEP* 8 (S. 17 Fig. 30—33) erklärt sich selbst. Ich beschränke mich deshalb darauf zu erinnern, daß es Komödien von Eubulos, Anaxilas und Posidippos gab, in denen er der Titelheld war.

Von den fünf Liebhabern steht uns der älteste und ernsteste, der νεανίσκος πάγχρηστος *NEA* 1 (S. 28 Fig. 58) in dem Plesidippus des Rudens, dem Clitipho des Heautontimorumenos, dem Philolaches der Mostellaria und dem Phaedria des Eunuchen (vgl. S. 55), der zweitälteste, der feingebildete μέλας *NEA* 2 (S. 4 Fig. 3 und 6, vgl. S. 22) in dem Charisios der Epitrepontes vor Augen. Den drittältesten, den οὖλος *NEA* 3 (S. 8 Fig. 14. 15), kennzeichnen die hochgezogenen Brauen und die Stirnfalte als einen jungen Mann von ernster Sinnesart. Dazu stimmt, daß, wie wir oben (S. 55 f.) gesehen haben, in dem griechischen Original der Captivi der wackere Tyndarus diese Maske trug. Auch den ἁπαλός *NEA* 4 (S. 31 Fig. 61) haben wir im Diniarchus des Truculentus bereits oben erkannt (S. 5). Ebenso unverkennbar sind der Pistoclerus in den Bacchides, der Chaerea in dem Eunuchen[1] und der Pheidias in Menanders Kolax Vertreter dieser Maske. Auf dem einzigen Bildwerk, wo wir sie erkennen konnten, dem Friesbild aus casa del centenario scheint die Situation die zu sein, daß der ἁπαλός, der, wie die Fackel in der Hand des jungen ihn begleitenden Sklaven[2] erraten läßt, spät von einem Trinkgelage heimkommt, einem vornehmen Knaben[3], den er entweder von dort mitgenommen oder auf dem Wege begegnet hat, liebkosend die Hand auf den Kopf legt[4]; der alte Freigelassene des Hauses, der vermutlich sein alter Pädagoge ist, wie in den Bacchides Lydus der des Pistoclerus, beobachtet von der Haustür aus entsetzt den Vorgang (s. S. 25 Fig. 54).

Noch fehlt uns aber der liederliche junge Mann, der Trinker und Mädchenverführer, der „Moschion"[5]. Ihn haben wir ohne Zweifel in dem zweiten Episeistos zu erkennen. Das einzige

τὴν αὔριον παραγγελεῖ herausgehoben werden, weil er auf die freilich beträchtlich ältere Terrakottafigur des Lykomedeios als Landwehrmann (Fig. 17) vorzüglich paßt.

1) V. 986 DEM *hem, quid? amat? an scit iam ille quid meretrix siet?* V. 686 PYTH. *ad nos deductus hodie est adulescentulus, quem tu videre vero velles, Phaedria.*

2) S. die Abbildung des ganzen Bildes bei Dieterich Pulcinella Taf. 2.

3) Das zeigt der sorgfältig drapierte und über den Kopf gezogene Mantel, den ein Sklave nicht tragen kann. Die Tracht der jungen Sklaven können wir an dem Fackelträger beobachten; es ist ein geschürzter Chiton. Der Knabe aber erinnert beinahe an die Schuljungen auf der Vase des Duris. Übrigens sind natürlich sowohl dieser Knabe als der junge Sklave κωφὰ πρόσωπα, beide ohne Maske, wie die Begleiter des Miles auf dem Bild in casa della fontana grande (s. oben S. 5 Fig. 7—9 und S. 22 Fig. 48—50; vgl. auch S. 58).

4) Dieterich a. a. O. S. 14 mußte die Situation schon deshalb verkennen, weil er den jungen Mann für eine Frau und seine Stephane für eine Kopfbedeckung hielt.

5) Vgl. Choricius de mimis (Revue de philologie 1877 p. 228): ἢ καὶ τῶν Μενάνδρου πεποιημένων προσώπων Μοσχίων μὲν ἡμᾶς κατεσκεύακεν παρθένους βιάζεσθαι, Χαιρέστρατος δὲ ψαλτρίας ἐρᾶν κτλ. Die Χαιρέστρατοι wird man sich hiernach wohl in der Maske des μέλας zu denken haben.

Charakteristik der einzelnen Masken.

Fig. 87.

Bildwerk, auf dem wir bisher diese Maske gefunden haben (S. 7 Fig. 13. S. 62 Fig. 85), zeigt ihren Träger schwer bezecht. Und wenigstens angeheitert zeigt ihn auch eine Berliner Terrakotta (Fig. 87)[1]. Der dicke Kranz beweist, daß er von einem Symposion kommt; den Mantel hat er, der guten Sitte zum Hohn, um die Hüften geschlungen, um die Hände frei zu haben. In der linken Hand hielt er, wie die Fingerstellung zeigt, eine Leier, und der für eine Jünglingsmaske ungewöhnlich weit geöffnete Mund scheint andeuten zu sollen, daß er singt. In dieser Maske haben wir uns also sowohl den Moschion der Samierin wie den der Perikeiromene zu denken.

Der *νεανίσκος ἄγροικος NEA* 5, der ungebildete, ungesittete und plumpe junge Mann, braucht keineswegs immer ein Bauer gewesen zu sein, und umgekehrt ist gewiß nicht jeder junge Bauer der neueren Komödie in dieser Maske aufgetreten. So ist sie zwar im Eunuchen des Menander für den Jüngling, der bei Terenz Chremes heißt, sehr wohl denkbar, aber der wackere Sohn der Myrrhine im *Γεωργός* kann unmöglich in dieser Maske aufgetreten sein; er war wohl ein οὖλος. Unter den Bildwerken haben wir den ἄγροικος noch nicht gefunden. Er muß aber, wie bereits oben (S. 27 A. 1) hervorgehoben wurde, dem εἰκονικός sehr ähnlich gewesen sein; denn wie dieser hat er Stephane und Stumpfnase. Doch kann er

[1] T. I. 7969. H. 0,18. Aus Myrina. Auch bei Winter a. a. O. II S. 426, 6. Auf dem Oberkopf sind die Haare nicht angegeben; da aber eine Jünglingsmaske keine Glatze haben kann, ist dies gewiß nur Nachlässigkeit des Verfertigers. Eine Replik mit der Künstlerinschrift *Σωδάμου* befand sich in der Sammlung Greau, s. Froehner Terres cuites d'Asie de la collection Julien Greau pl. 27. Winter (Arch. Anz. 1895 S. 122) will die Figur auf dasselbe Original zurückführen, wie den Tympanonschläger auf dem einen Mosaik des Dioskurides und dem dieselbe Szene zeigenden Gemälde aus Stabiae (Helbig 1473) und darum auch der Terrakottafigur ein Tympanon in die Hand geben. Das sieht sehr bestechend aus und hat großen Beifall gefunden, läßt sich aber doch nicht aufrecht erhalten. Die Ergänzung mit dem Tympanon scheint mir durch die Fingerstellung der linken Hand und die Hebung des rechten Unterarms ausgeschlossen. Die rechte Hand würde gerade an den Rahmen des Tympanons zu stehen kommen. Auf dem Mosaik ruht das Tympanon auf dem Teller der supinierten linken Hand und die Finger der rechten Hand berühren das Trommelfeld an der unteren Seite. Das ist bei der Terrakotta absolut ausgeschlossen. Man versuche doch einmal die Statuette nach Winters Vorschlag zu ergänzen. Ferner aber gehören die Musikanten des Mosaiks einer ganz anderen Gesellschaftsklasse an als der musizierende Jüngling, den die Terrakotta darstellt. Winter selbst bezeichnet sie als „den niedrigsten Ständen angehörige

natürlich als νεανίσκος nicht wie dieser rasiert gewesen sein [1], und sein Hauptkriterium waren die wulstigen Lippen.

Wir kommen zu den jugendlichen Charaktermasken. Über den **ersten Episeistos** *NEA* 6 (S. 5 Fig. 7—10), den schwadronierenden Offizier, ist oben bereits das nötige gesagt (vgl. auch S. 56). Aber über den **Schmeichler und den Parasiten** *NEA* 8. 9 (S. 22 ff. Fig. 48—52) ist noch einiges hinzuzufügen. Denn wie die Bildwerke lehren, liegt der Unterschied zwischen beiden, wenigstens den ihren Namen tragenden Masken doch tiefer als Ribbeck wollte [2], der ihn für Menander darauf beschränkt glaubte, daß der Kolax dem prahlerischen Offizier, der Parasit dem Privatmann aufgewartet habe. Wie nämlich der Kolax in der Terrakotta von Myrina vor uns steht, hat er gar nichts einschmeichelndes und unterwürfiges; er sieht vielmehr aus wie ein strenger Sittenrichter, ein antiker Tartüff. Das ist die Sorte von Schmeichlern, die Plutarch in seiner Schrift über den Freund und den Schmeichler so vortrefflich schildert. Ich setze ein paar besonders charakteristische Stellen, die man geradezu als Motto unter die Terrakottafigur schreiben könnte, her: p. 59 B φεύγοντες τὸν ἐν γέλωτι καὶ ἀκράτωι καὶ σκώμμασι καὶ παιδιαῖς ἔλεγχον εἰς ὀφρῦν αἴρουσιν ἤδη τὸ πρᾶγμα καὶ κολακεύουσιν ἐσκυθρωπακότες καὶ ψόγον τινὰ καὶ νουθεσίαν παραμιγνύουσιν; p. 59 D ὁ δὲ κόλαξ πρῶτον μὲν ἐνδείκνυται τὸ πικρὸς εἶναι καὶ περισπερχὴς καὶ ἀπαραίτητος ἐν τοῖς πρὸς ἑτέρους, οἰκέταις γὰρ αὑτοῦ χαλεπός ἐστι καὶ συγγενῶν καὶ οἰκείων ἐπεμβῆναι δεινὸς ἁμαρτήμασι καὶ μηδένα θαυμάσαι μηδὲ σεμνῦναι τῶν ἐκτός, ἀλλ' ὑπερορᾶν, ἀσυγγνώμων δὲ καὶ διάβολος ἐν τῶι πρὸς ὀργὴν ἑτέρους παροξύνειν, θηρώμενος μισοπονηρίας δόξαν, ὡς οὐκ ἂν ἑκὼν ὑφιέμενος παρρησίας αὐτοῖς· οὐδὲ ποιῆσαι· οὐδ' εἰπὼν πρὸς χάριν, ἔπειτα δὲ τῶν μὲν ἀληθινῶν καὶ μεγάλων ἁμαρτημάτων οὐδὲν εἰδέναι προσ-

---

Leute". Ich erinnere mich nicht, es jemals gelesen zu haben; aber es ist gewiß schon von vielen bemerkt worden und braucht wohl nur ausgesprochen zu werden, um zu überzeugen, daß es Metragyrten sind. Zwei Männer und eine Frau. Alle drei tragen übrigens keine Masken, sondern Gesichtslarven, wie sie jetzt, freilich in viel älteren Exemplaren im spartanischen Heiligtum der Orthaia zu Tage getreten sind (Ann. of the Brit. School XII pl. X—XII). Die Gelehrten, die das Mädchen von Antium für einen Gallus halten, mögen aus dieser Darstellung lernen, wie solche Leute aussahen. In ihrer Begleitung befindet sich ein Zwerg (nicht „ein kleiner Sklave") mit alten Gesichtszügen und einem Buckel, den die Metragyrten offenbar mit sich führen, um ihn zur Schau zu stellen. Also eine richtige alexandrinische Straßenszene. Dagegen wird der Jüngling, den die Terrakottafigur darstellt, durch den feinen Chiton, den er trägt, und den Blumenkranz (oder soll es eine Hypothymis sein?) als zur feinen Gesellschaft gehörig bezeichnet. Die Beobachtung von Wolters, auf der Winters Kombination basiert, daß der die Becken schlagende Metragyrt in einer myrinaeischen Terrakotta des athenischen Nationalmuseums wiederkehrt (Winter a. a. O. II 426, 5), wird natürlich hiervon nicht berührt. Nur die Zusammenstellung dieser Figur mit dem angehefteten ἐπίσειστος B ist unrichtig.

[1]) Wenn in einem Fragment aus dem Gerontodidascalus des Varro, auf das sich O. Ribbeck in seiner Studie über den Agroikos (Abh. d. Sächs. Gesellschaft X 1888 S. 35) beruft, unter den Merkmalen des Agroikos der schlecht rasierte Bart aufgeführt wird, so bezieht sich das natürlich auf den älteren Agroikos, auf den auch allein die von Theophrast char. 4 geschilderten Züge der ἀγροικία passen, nicht auf den νεανίσκος.

[2]) In seiner Studie über den Kolax, Abh. d. Sächs. Ges. IX 1884 S. 21; zustimmend Giese De parasiti persona capita selecta (Diss. Kil. 1908) p. 4.

ποιούμενος οὐδὲ γιγνώσκειν, πρὸς δὲ τὰ μικρὰ καὶ τὰ ἐκτὸς ἐλλείματα δεινὸς ἆξαι καὶ μετὰ τόνου καθάψασθαι καὶ σφοδρότητος, ἂν σκεῦος ἀμελῶς ἴδῃ κείμενον, ἂν οἰκοῦντα φαύλως, ἂν ὀλιγωροῦντα κουρᾶς ἢ ἀμπεχόνης ἢ κυνός τινος ἢ ἵππου μὴ κατ' ἀξίαν ἐπιμελόμενον. Solchen Charakter wollte die von Aristophanes als κόλαξ bezeichnete Maske vorführen. Damit ist aber selbstverständlich nicht gesagt, daß nicht in manchen Stücken der Schmeichler auch in der Maske des Parasiten auftreten konnte. Daß im Pseudomenos des Alexis beide Namen synonym gebraucht werden[1], will ja scheinbar nicht viel besagen, da dieser Dichter überhaupt der erste war, der den Parasiten als Charaktermaske in die attische Komödie eingeführt hat[2]; aber es folgt daraus, daß der Schmeichler erst nach Alexis von dem Parasiten differenziert worden ist. In den meisten der uns bekannten Stücke gehören die Repräsentanten dieses Typus in die Kategorie der Parasiten, selbst der Titelheld im Kolax des Menander. Andrerseits wird sich unten zeigen, daß der als Parasit bezeichnete Phormio in den illustrierten Terenzhandschriften als κόλαξ gezeichnet ist. Aber in der Theorie waren beide Typen streng voneinander geschieden.

Wie sich nun zu diesen beiden der dritte Parasit, der Sikelikos NEA 11 verhielt, darüber ist aus dem hier besonders lakonischen Polluxtext nichts zu entnehmen. Für die Erklärung des Namens bieten sich verschiedene Möglichkeiten: er könnte, wie der der Ἑρμώνιοι und der des Lykomedeios daher stammen, daß der Erfinder der Maske ein Schauspieler Sikelos gewesen ist, oder daher, daß die Maske zum ersten Male für die Rolle eines aus Sizilien stammenden Parasiten verwandt worden ist, oder endlich daher, daß sie auf das alte sizilische Possenspiel zurückgeht, wie der Maison auf das megarische. Und dies letzte ist wohl das Wahrscheinlichste. Wissen wir doch, daß der schmeichlerische Parasit schon bei Epicharm vorkam[3], ja daß dieser für den Schöpfer dieser Bühnengestalt galt[4]. So wäre dann der Sikelikos von den drei Parasitenmasken

---

[1]) Bei Athenaeus VI 255 B

κόλακος δὲ βίος μικρὸν χρόνον ἀνθεῖ ·
οὐδεὶς γὰρ χαίρει πολιοκροτάφωι παρασίτωι.

Vgl. Giese a. a. O. p. 3.

[2]) Karystios von Pergamon περὶ διδασκαλιῶν bei Athenaeus VI 235 E. Wenn dem gegenüber der Deipnosophist Plutarch die Priorität des Epicharm geltend macht, so bestätigt er damit geradezu die Behauptung des Karystios für die attische Komödie. Freilich können wir nicht entscheiden, ob dieser, wie es nach dem Titel seines Werkes den Anschein hat, nur das attische Drama behandelt und Athenaeus diese Beschränkung nicht beachtet hat, oder ob das Vorkommen des Parasiten bei Epicharm von Karystios in der Tat übersehen worden war.

[3]) Athenaeus a. a. O. Ἐπίχαρμος ἐν Ἐλπίδι ἢ Πλούτωι παρὰ πότον αὐτὸν εἰσήγαγεν.

[4]) Ob er ihm auch schon den Namen Parasit gegeben hat, ist für unsere Betrachtung gleichgültig. Pollux VI 35 und die Scholia Townleyana P 577 behaupten es, Wilamowitz bei Kaibel Com. graec. fr. p. 97 bestreitet es, während Giese es auf Grund der genannten beiden Zeugnisse annimmt a. a. O. p. 5. Aber ich meine, daß Wilamowitz recht hat. Wäre das Wort παράσιτος in der Ἐλπίς des Epicharm vorgekommen, so würde Athenaeus nicht verfehlt haben, den betreffenden Vers zu zitieren, und außerdem würde eine solche Tatsache mit den vorhergehenden Ausführungen des Plutarch über die alte Bedeutung dieses Worts (Ath. a. a. O. 234, 3 ff.) im Widerspruch stehen. Pollux und der Homerscholiast verwechseln einfach den Namen mit der Sache.

die älteste, und wir müssen sie uns so grotesk denken wie den Maison und den zweiten Hermonios.

Endlich der *εἰκονικός* NEA 10 (S. 27 Fig. 55), der elegante Herr aus der Fremde, auf dessen große Ähnlichkeit mit dem *ἄγροικος* ich schon oben (S. 66) hingewiesen habe. Das ist nur scheinbar ein Widerspruch. Denn wie der bäuerische Tölpel, so ist auch der *ξένος* eine Chargenrolle, die der Verspottung und dem Schabernack ausgesetzt wird. Mit intuitivem Scharfblick hat das schon Legrand in seinem Daos erkannt und daher die *étrangers* und die *campagnards* in einem und demselben Kapitel behandelt (p. 64 ss.). Treffend verweist er auf die Verse aus dem Sikyonios des Menander bei Stobaeus Flor. 53, 3:

εὐλοιδόρητον, ὡς ἔοικε, φαίνεται
τὸ τοῦ στρατιώτου σχῆμα καὶ τὸ τοῦ ξένου.

Zu der Eleganz des Anzugs bildete das stupide Gesicht einen wirkungsvollen Kontrast. Die Komödie aller Zeiten und aller Völker hat ja gerade solche Typen besonders geliebt. Der Effekt wird noch dadurch gesteigert, daß der Eikonikos ein schon nicht mehr ganz junger Mann ist, dessen Haar bereits ins Graue fällt. Aber was soll der Name bedeuten? Die „Porträtmaske"? Das Porträt einer bestimmten Persönlichkeit kann doch unmöglich gemeint sein. Ich schlage folgende Erklärung vor. Obgleich von Pollux oder richtiger Aristophanes seiner Bartlosigkeit wegen unter die Jünglingsmasken gestellt, gehört doch der Eikonikos seinem Lebensalter nach unter die Alten. Während aber alle diese gegen die Sitte der Zeit mehr oder weniger lange Bärte haben, ist der Eikonikos der einzige, der der Mode entsprechend rasiert ist. Unter den Alten sieht er allein wie ein Zeitgenosse der Zuschauer aus, und daher kommt wohl der Name, den man wohl am besten durch „die realistische Maske" wiedergibt[1].

Über den *θεράπων πάππος* ΔΟΥΛ 1 (S. 24f. Fig. 53. 54) den alten Sklaven oder Freigelassenen ist oben schon das Nötige bemerkt. Öfters ist er der frühere Pädagoge des Liebhabers. In den uns bekannten Stücken trugen der Onesimos der Epitrepontes, der Sosia der Andria, der Lydus und der Chrysalus der Bacchides, der Akanthio des Mercator und der Geta des Phormion diese Maske.

Der *ἡγεμὼν θεράπων* ΔΟΥΛ 2 (S. 4 Fig. 2 und 4, S. 27 Fig. 56, S. 42 Fig. 72) war nach Aristophanes von Byzanz eine Erfindung des Maison, stammt also aus dem megarischen Possenspiel[2]. Denn wenn Aristophanes nur im allgemeinen von der Maske des Sklaven spricht, so ist es klar, daß er nur die Sklavenmaske κατ' ἐξοχήν, also den *θεράπων ἡγεμών*, meinen kann. Dieser ist denn auch, wie der Name besagt,

---

[1]) Wilcken macht mich darauf aufmerksam, daß bei Seneca ep. mor. XV 3 (95), 66 εἰκονισμός als der technische Terminus für Signalement bezeugt ist: *descriptiones has et, ut publicanorum utar verbo, iconismos*.

[2]) Athenaeus XIV p. 659 A Μαίσων γέγονε κωμῳδίας ὑποκριτής, Μεγαρεὺς τὸ γένος, ὃς καὶ τὸ προσωπεῖον εὗρε τὸ ἀπ' αὐτοῦ καλούμενον Μαίσωνα, ὡς Ἀριστοφάνης φησὶν ὁ Βυζάντιος ἐν τῷ περὶ προσώπων, εὑρεῖν αὐτὸν φάσκων καὶ τὸ τοῦ θεράποντος πρόσωπον καὶ τὸ τοῦ μαγείρου. Vgl. oben S. 12 und Nauck Aristophanis Byzantii fragmenta p. 246.

[3]) Athenaeus XIV p. 659 A Μαίσων γέγονε κωμῳδίας ὑποκριτής.

Fig. 88.

die gebräuchlichste Sklavenmaske und als solche auch unter den Bildwerken ganz außerordentlich häufig. Wir fanden ihn im Vatikan als Kolossalmaske, mit dem $νεανίσκος\ μέλας$ als Pendant. Auf dem Bilde aus Herculaneum moquiert er sich über eine arme Pseudokore. Umgekehrt wird er auf einem der Friesbilder in casa del centenario[1] durch die impertinenten Forderungen einer Kupplerin in helle Wut versetzt, so daß er mit gekrallten Fingern dasteht, als ob er die Vettel erwürgen möchte (Fig. 88). Eine aus der Sammlung Misthos stammende Terrakotta des athenischen Nationalmuseums (Fig. 89)[2] zeigt ihn, wie er die geballten Fäuste vor die Brust erhebend einen Vorgang beobachtet, der ihn sehr zu vergnügen scheint, eine andere gleicher Provenienz in demselben Museum[3], wie er eiligen Schritts offenbar mit wichtiger Botschaft herangelaufen kommt (Fig. 90). Bei diesem Exemplar kann man beobachten, wie die Enden der Speira seitlich etwas vom Gesicht abstehen[4]. In noch höherem Grade ist das bei einer Terrakotta der Sammlung Lecuyer[5] der Fall, wo sie förmliche Hörner bilden (Fig. 91). Das scheint also eine Vorstufe für die Auflösung dieser Enden in Locken zu sein, wie sie für den $ἐπίσειστος\ ἡγεμών\ ΛΟΥΛ$ 7 (S. 6 Fig. 12) charakteristisch ist. Auch in den uns bekannten Komödien werden die Hauptsklavenrollen meist in der Maske $θεράπων\ ἡγεμών$ gespielt worden sein; nur ist es im einzelnen Falle schwer festzustellen, ob von dem ersten $ἡγεμών$ oder von dem $ἐπίσειστος$, wie wir das oben (S. 56) bei dem Leonida der Asinaria und dem Pseudolus gesehen haben. Nur von dem Daos im Heros haben wir feststellen können, daß er ein $ἐπίσειστος$ war (s. oben S. 54).

---

[1]) Mon. dell. Inst. XI tav. 31; danach unsere Abbildung. Vgl. Maaß Ann. d. Inst. 1881 p. 142 f.

[2]) Nach einer Institutsphotographie. Mus. Nr. 5055 (Misth. 429). H. 0,145. Vermutlich aus Myrina. Über die Farbenreste schreibt Rodenwaldt: „Haar braun, Gesicht, Hände und Füße rotbraun, Augensterne schwarz, Lippen rot, Chiton rotbraun, Schuhe und leerer Raum zwischen den Beinen dunkel (blau?)". Auch bei Winter a. a. O. II 425, 2.

[3]) Nach einer Institutsphotographie. Aus der Sammlung Misthos 540. H. 0,21. Vermutlich aus Myrina. Auch bei Winter a. a. O. II 427, 7.

[4]) Über eine andere Variante, die kleine Spitze über der Stirn, ist schon oben S. 4 gehandelt.

[5]) Collection Lecuyer pl. D 5, 1. H. 0,175. Bei Winter a. a. O. II 425, 7, der bemerkt: „aus Kleinasien, vermutlich Myrina".

Der θεράπων ἡγεμών. 71

Fig. 89.

Fig. 90.

Fig. 91.

Den mit der Speira ausgestatteten Sklavenmasken des Pappos und der beiden ἡγεμόνες stehen die beiden glatzköpfigen Sklaven gegenüber, der κάτω τριχίας *ΛΟΥΛ* 3 (S. 17 Fig. 34) und der οὖλος *ΛΟΥΛ* 4 (S. 10 f. Fig. 20—23 und S. 27 Fig. 57). Von diesen ist der οὖλος der vergnügte, also ein Charakter wie der Sangarinus im Stichus, während dem Titelhelden dieses Stücks wohl die Maske eines der ἡγεμόνες zukam. Hingegen erscheint der κάτω τριχίας in dem einzigen Bildwerk, in dem wir ihn erkennen durften, als ein verschmitzter Bursche, etwa wie der Getas im Heros und der Syriskos in den Epitrepontes.

Der Maison *ΛΟΥΛ* 5 (S. 13 ff. Fig. 24—28), der einheimische Koch, stammt, wie wir sahen, aus dem megarischen Possenspiel. Diese Tatsache bleibt bestehen, auch wenn Aristophanes ihn, wie man jetzt meist annimmt, mit Unrecht zu einer historischen Person gemacht haben sollte. Es bliebe übrigens ja immer noch die Möglichkeit, daß ein in dieser Maske exzellierender Schauspieler sich deren Namen beigelegt hat, so wie Jahrhunderte später Titus Plautus den des Maccus[1]. Sei dem wie ihm wolle, jedenfalls ist die von Chrysippos gegebene Etymologie, die den Namen mit μασᾶσθαι zusammenbringt, mit Recht auch von den Neueren gebilligt worden[2]. So als behaglichen Kauer zeigen ihn uns auch die Bildwerke[3].

Der Tettix *ΔΟΥΛ* 6 (S. 15 Fig. 29) ist, wie wir sahen, der ausländische, das heißt doch wohl der vornehmere, mit den exotischen Finessen vertraute Koch, der maître de cuisine[4]. Als einen hageren, hochmütigen und zugleich etwas verschmitzten Gesellen zeigt ihn seine Maske. Aber woher kommt der Name? Dieterich[5] meinte von seinen grotesken Sprüngen, was an sich denkbar wäre, aber von ihm nicht bewiesen ist. Denn die „Cicadenmenschen" auf früh-römischen Gemmen[6] können als Beleg nicht gelten, da sie wirklich nichts mit der Bühne zu tun haben. Auf die richtige Erklärung führt ein Fragment aus dem Thrason des Alexis bei Athenaeus IV 133 C.:

σοῦ δ᾽ ἐγὼ λαλιστέραν
οὐπώποτ᾽ εἶδον οὔτε κερκώπην, γύναι,
οὐ κίτταν, οὐκ ἀηδόν᾽, ⟨οὐ χελιδόνα⟩[7],
οὐ τρυγόν᾽, οὐ τέττιγα.

Denn wenn auch hier von einer Frau die Rede ist, so beweist die Stelle doch, daß den Griechen die Cicade als ein Bild der Geschwätzigkeit galt. Erinnern wir uns nun der schwatzhaften Köche des Menander, des neugierigen aus den Epitrepontes und des unablässig fragenden aus der Samierin, dessen Zunge wie ein Tranchiermesser ist, und erwägen wir, daß überhaupt die

---

[1]) Leo Plautinische Forschungen S. 72 ff.

[2]) Athen. XIV 659 A: Χρύσιππος δ᾽ ὁ φιλόσοφος τὸν Μαίσωνα ἀπὸ τοῦ μασᾶσθαι ὄνται κεκλῆσθαι, Hesych s. v. Μαίσων· μάγειρον, ἄλλοι βορὸν ἀπὸ τοῦ μασᾶσθαι (Arnim Stoic. vet. fragm. III p. 200 fr. 13). Vgl. Wilamowitz Herm. IX 1875 S. 339, Dieterich Pulcinella 38 ff., Kaibel Com. graec. fr. I p. 76.

[3]) Nach Festus wurde die Maske auch für andere Stände, z. B. Schiffer, verwendet: *Moeson persona comica adpellatur, aut coci aut nautae aut eius generis.*

[4]) Vgl. auch die S. 12 A. 3 ausgeschriebene Glosse des Hesych sowie über die soziale Stellung der Köche S. 50 A. 2. Die Stelle des Clemens Alexandrinus Protr. I 1 "Ἕλλησι δὲ ἐδόκει ὑποκριτὴς γεγονέναι μουσικῆς, die Kaibel a. a. O. anführt, hat mit der Maske nichts zu tun. Sie gehört noch zu der Erzählung von dem Kitharisten Eunomos und der Cicade, die diesem die gesprungene Saite ersetzt, und schildert den Eindruck, den deren Gesang auf die zur Panegyris versammelten Hellenen damals machte. Es ist nur eine rhetorische Wendung, der unmittelbar vorhergehenden, daß die Cicade der συναγωνιστὴς τοῦ Λοκροῦ gewesen sei, ähnlich.

[5]) Pulcinella S. 39.

[6]) Furtwängler, auf den sich Dieterich beruft, hat später in seinen Antiken Gemmen III 298 den Zusammenhang dieser Cicadenmenschen mit dem Theater bestritten und in ihnen eine Art volkstümlicher Kobolde sehen wollen. Allein es handelt sich wohl nur um eine rein künstlerische Spielerei. Noch weniger glücklich ist der Gedanke von Rankin, der den Namen auf die attische τεττιγοφορία zurückführen will, a. a. O. p. 16 f.

[7]) Ergänzt von Cobet.

Schwatzhaftigkeit ein Hauptcharakterzug der Köche war[1], so kann wohl über die Bedeutung des Namens zur Zeit der neueren Komödie kein Zweifel bestehen, wie es auch klar ist, daß bei Menander die beiden erwähnten Köche nicht in der Maske des Maison, sondern in der des Tettix auftraten. Daß aber doch an Dieterichs Vermutung etwas richtiges ist, wird sich später zeigen, wenn wir auf die Herkunft der Masken zu sprechen kommen. In der Aulularia haben wir beide Typen nebeneinander: der Anthrax war in dem griechischen Original ein Tettix, der Congrio ein Maison[2].

Das Lykainion *ΓP* 1 (S. 46 Fig. 82) oder die Frau mit dem hageren Gesicht gehört, wie der Kranz, den wir bei ihrer Maske gefunden haben, zeigt, in die Dirnensphäre. Es ist die für die Leaena des Curculio passende Maske, die alte trunksüchtige Sklavin.

Die $\gamma\rho\alpha\tilde{v}\varsigma$ $\pi\alpha\chi\varepsilon\tilde{\iota}\alpha$ *ΓP* 2 (S. 46 Fig. 81), die dicke Alte mit den freundlichen Zügen, ist, wie wir oben festgestellt haben, die Kupplerin, und zwar meist auch wohl die Hetärenmutter, ein Typus, den nach Leos ansprechender Vermutung[3] Philemon ausgebildet hat. In der Cleareta der Asinaria und der Lena der Cistellaria steht sie uns vor Augen.

Für das zahnlose $\gamma\rho\alpha\dot\iota\delta\iota\sigma\nu$ $\sigma\dot\iota\varkappa\sigma\nu\rho\dot\sigma\nu$ $\ddot\eta$ $\sigma\dot\iota\varkappa\varepsilon\tau\iota\varkappa\dot\sigma\nu$ $\ddot\eta$ $\dot\sigma\xi\dot\nu$ *ΓP* 3 ist offenbar das eigentlich Charakteristische das hohe Alter (S. 47 Fig. 83. 84). Die beiden ersten Beinamen bezeichnen es als ein altes Hausinventar, in der Regel also wohl eine frühere Amme. Wir werden uns daher die alten gebrechlichen und sich mühsam dahinschleppenden Weibsen, die meistens erst gegen den Schluß des Stückes auftreten, um bei der Anagnorisis mitzuhelfen, die Sophrona im Eunuchen und im Phormio, die Canthara in den Adelphoe und im Heautontimorumenos, auch die Syra im Mercator, die Staphyla in der Aulularia und die Philinna im *Γεωργός*, in dieser Maske denken dürfen, obgleich ihrem Charakter die Eigenschaft, die das dritte Beiwort dieser Maske vindiziert und das auch in der einzigen uns bekannten bildlichen Darstellung deutlich zutage tritt, die *ὀξύτης*, abgeht.

Die $\gamma\upsilon\nu\dot\eta$ $\lambda\varepsilon\varkappa\tau\iota\varkappa\dot\eta$ *N. Γ.* 1 (S. 38 Fig. 64. 65) führt, wie bereits Meineke ausgesprochen hat, ihren Namen nach ihrem unerschöpflichen Mundwerk. Es ist der häufigste Komödientypus der bürgerlichen Ehefrau[4]. An eine solche *λεκτική* sind die oben S. 72 ausgeschriebenen Verse des Alexis gerichtet. Die Gattin des Menaechmus von Epidamnus und die Dorippa im Mercator werden in dieser Maske gespielt worden sein, und eine *λεκτική* hatte der arme Ehemann zur Frau, der im *Ὕπνος* des Xenarchos die Cicaden glücklich pries, *ὦν ταῖς γυναιξὶν οὐδ' ὁτιοῦν φωνῆς ἔνι* (Athen. XIII 559 A).

Über den Charakter der $\gamma\upsilon\nu\dot\eta$ $\sigma\dot\upsilon\lambda\eta$ *N. Γ.* 2 (S. 39 Fig. 66. 67) läßt sich aus der kurzen Beschreibung des Pollux nichts entnehmen. Nur liegt es in der Natur der Sache, daß ihr von

---

[1] Athenaeus VII 290 B: *ἀλαζονικὸν δ' ἐστὶ πᾶν τὸ μαγειρικὸν φῦλον* und von Neueren E. M. Rankin The role of the *μάγειροι* in the life of the ancient Greeks p. 73 und Legrand a. a. O. p. 125 ff.
[2] Man beachte namentlich V. 321 ff.
[3] Plautinische Forschungen 133, vgl. Legrand a. a. O. p. 117.
[4] Vgl. Legrand a. a. O. p. 152 s.

den übelen Eigenschaften, mit denen die neuere Komödie die verheirateten Frauen so reichlich bedenkt, wenigstens eine, die Schwatzhaftigkeit, abging. Auf dem pompejanischen Maskenbild und in der Terenz-Illustration erscheint sie ernst, sogar mit einem Anflug von Sorge oder Trauer. Hiernach wird man sie für die besser geartete Ehefrau halten dürfen. Die beiden Schwestern im Stichus scheinen Vertreterinnen dieser Maske zu sein, ferner die Eunomia in der Aulularia[1], endlich auch die Sostrata, sowohl die der Hekyra wie die des Heautontimorumenos. Denn diese darf man sich durchaus nicht als alte Weiber vorstellen, sondern als Vierzigerinnen, und wie ungerecht die Vorwürfe sind, mit denen ihre Männer sie überschütten, hat Legrand gut entwickelt. In Wahrheit sind sie ihren Gatten, die eine an Herzensgüte, die andere an Verstand weit überlegen.

Den verschüchterten Ausdruck, den die κόρη *N. Γ.* 3 (S. 40 Fig. 69) zeigt, begreift man, wenn man an die Situationen denkt, in denen uns die Vertreterinnen dieser Rolle in den erhaltenen Stücken gezeigt werden, in der Vidularia als Soteris, im Rudens als Palaestra und Ampelisca in der Gewalt eines leno, im Epidicus als Telestis zur Kriegsbeute geworden und verkauft, immer aber in ihrer Unschuld schwer bedroht.

Von den ψευδοκόραι *N. Γ.* 4. 5 (S. 42 f. Fig. 72. 73), den beiden Typen des verführten oder vergewaltigten Mädchens, ist die erste, wie die Worte: ἔοικε νεογάμωι zeigen, die jung verheiratete Frau. Das vor der Ehe erzeugte Kind kommt entweder im Verlauf des Stücks zur Welt, oder es ist schon früher geboren. Dieser Typus steht uns in der Pamphile der Epitrepontes vor Augen. Die zweite ist noch nicht vermählt, aber zuweilen droht ihr die Vermählung, und zwar mit einem anderen als ihrem Liebhaber oder Vergewaltiger. Zu diesem Typus gehören die Phaedria in der Aulularia und das Glycerium in der Andria, die jedoch beide nicht auftreten. Wie es Menander im Georgos in dieser Beziehung mit der im gleichen Falle befindlichen Tochter der Myrrhine gehalten hatte, wissen wir nicht.

Die σπαρτοπόλιος λεκτική *ET* 1 (S. 37 ff.) ist die ausgediente geschwätzige Hetäre. In der Syra der Hekyra und der Scapha der Mostellaria haben wir solch' verblüte Courtisanen vor uns, die auch an Gesprächigkeit nichts zu wünschen übrig lassen. Beide Male finden wir sie in Begleitung junger und schöner Hetären, halb als Dienerinnen, halb als Beraterinnen. So stehen sie wie dem Lebensalter so auch ihrer Stellung nach zwischen der eigentlichen Hetärensklavin, dem παράψηστον, und der alten Kupplerin, der γραῦς παχεῖα, in der Mitte, und in der Tat ist diese in der Cistellaria gleichfalls eine einstmalige Hetäre.

Die παλλακή *ET* 2 (S. 39 Fig. 68) kam im Georgos des Menander vor[2] und scheint darin eine wichtige, wenn auch keineswegs erbauliche Rolle gespielt zu haben. Offenbar hat sie die Herrschaft im Hause. Sie wird daher gewiß auch aufgetreten sein. Auch im Pseud-

---

[1] Diese sagt freilich 129 ff. *nam multum loquaces merito nos habemur, nec mutam perfecto repertam ullam esse ⟨aut⟩ hodie dicunt mulierem ⟨aut⟩ ullo in saeculo.* Aber gerade dadurch, daß sie das sagt, beweist sie, daß sie selbst eine Ausnahme macht und von diesem Fehler frei ist oder wenigstens frei zu werden sich bemüht.

[2] Von ihrem Stiefsohn wird sie verächtlich als die νυνὶ τρεφομένη γυνή bezeichnet V. 11.

herakles kam eine παλλακή vor, eine frühere Zofe, die nach dem Tod ihrer Herrin zu diesem Rang aufgestiegen war[1].

Der Gegensatz der raffinierten, ausgelernten und der jungen verliebten Dirne, des ἑταιρικὸν τέλειον ET 3 (S. 37 Fig. 62) und des ἑταιρίδιον ὡραῖον ET 4 (S. 40 Fig. 70. 71) steht uns in der Bacchis und der Antiphila des Heutontimorumenos prächtig vor Augen. Die übrigen Hetärenmasken, die διάχρυσος ET 5 und die διάμιτρος ἑταίρα ET 6 (S. 45 Fig. 79) und das λαμπάδιον ET 7 (S. 44 Fig. 77. 78) werden nur Varianten des τέλειον ἑταιρικόν gewesen sein. Wenigstens läßt sich aus dem allerdings sehr kurzen Polluxtext nicht entnehmen, daß sie besondere Charakternüancen repräsentiert haben. Da Hetären in keinem Stück fehlen und fast stets eine hervorragende Rolle spielen, ist es erklärlich, daß man bestrebt war, hierin Abwechselung zu schaffen, wie heutzutage durch die Toiletten der ersten Liebhaberinnen. Daher ist es ganz unmöglich zu sagen, für welche dieser Masken die einzelnen Hetärenrollen in den uns bekannten Stücken geschrieben waren.

Die ἄβρα περίκουρος ΘΕΡ 1 (S. 45) ist die junge Sklavin im Bürgerhaus, die treue Vertraute der Hausfrau, ἡ σύντροφος καὶ παρὰ χεῖρα θεράπαινα, wie sie der Atticist Pausanias nennt[2]. Es war ein im wirklichen Loben sehr verbreiteter, wie es scheint, semitischer Name für die Hausklavin, der sich zuerst bei Sappho (fr 55 B[4]) belegen läßt, und über den wir bei Photios (Reitz.) s. v. Ἄβραι folgendes lesen: οὔτε ἁπλῶς ἡ θεράπαινα οὔτε ἡ εὔμορφος (wohl Abweisung einer falschen Herleitung von ἁβρός), ἀλλ' ἡ οἰκότριψ γυναικὸς κόρη καὶ ἔντιμος, εἴτε οἰκογενὴς εἴτε μή[3]. Das abgeschnittene Haar bedeutet also bei dieser Figur keine Entehrung, sondern bezeichnet lediglich die Dienerin[4]. Daß sie in einer Komödie des Nikostratos die Titelheldin war, ist schon oben bemerkt worden (S. 45 A. 2). Auch im Ἄπιστος und im Σικυώνιος des Menander scheint sie eine hervorragende Rolle gespielt zu haben[5], beide Male als Geliebte des Hausherrn, wie die Chrysis in der Samierin, die aber wohl in der Maske der διάχρυσος aufgetreten ist. Daß im Pseudherakles desselben Dichters die παλλακή eine frühere ἄβρα war, haben wir schon gesehen. In der Regel wird es aber eine Nebenrolle gewesen sein, wie die Pardalisca in der Casina, die man sich wohl in dieser Maske zu denken hat.

Nicht minder bedeutend ist die Hetärensklavin, das θεραπαινίδιον παράψηστον, ΘΕΡ B (S. 37 Fig. 63 und die Tafel). Sie wird durch die Doris der Perikeiromene, das Astaphium des Truculentus und die Pythias im Eunuchen vortrefflich veranschaulicht. Beachtens-

---

[1]) Suidas s. v. Ἄβρα; vgl. unten.
[2]) Bei Eustath. Od. 1854, 14; Et. gen. ἡ οἰκότριψ καὶ παρὰ χεῖρα; vgl. Reitzenstein a. a. O. und Chr. Bruhn Über den Wortschatz des Menander (Kiel. Dissert. 1910) S. 34 f., wo die Zeugnisse gut zusammengestellt sind.
[3]) Vgl. Bekker Anecd. p. 322, 18 f.
[4]) Auf einem noch nicht publizierten Pelops-Sarkophag im athenischen National-Museum, der im nächsten Sarkophag-Band erscheinen wird (Sark. Rel. III 322b), ist die eine Dienerin der Hippodameia eine περίκουρος.
[5]) Suid. s. v. Ἄβρα.

wert ist, daß bei dem Neapler Exemplar dieser Maske das Haar in derselben Weise gescheitelt ist wie bei dem γράδιον ὀξύ (S. 47 Fig. 83. 84).

Es würde natürlich weit über die Grenzen dieses Programms hinausführen, wenn ich versuchen wollte, für alle Personen der uns bekannten Stücke die Masken zu bestimmen. So viel aber geht schon aus diesem Überblick hervor, daß sich für weitaus die größte Anzahl der aufgezählten Masken ihre Verwendung in diesen Stücken erweisen läßt, und daß umgekehrt das Maskeninventar des Aristophanes zur Ausstattung aller in diesen Stücken auftretenden Personen ausreicht. Kein Wunder, da dieser Maskenkatalog ja nach einem festen und wohldurchdachten System angelegt ist. Aber andererseits wird sich in der Praxis kein Dichter und kein Regisseur an solchen Kanon gebunden haben, der dem dichterischen Schaffen und der Inszenierung unerträgliche Fesseln angelegt haben würde, wenn man ihn strikte hätte befolgen wollen. Wenn z. B. in einem Stücke ein recht boshafter und verschlagener Bordellwirt vorkam, für den die freundlich verbindliche Maske des πορνοβοσκός nicht paßte, wird man sich wahrhaftig nicht besonnen haben, ihn in der des Sphenopogon auftreten zu lassen, und so haben wir mit der Möglichkeit zu rechnen, daß die

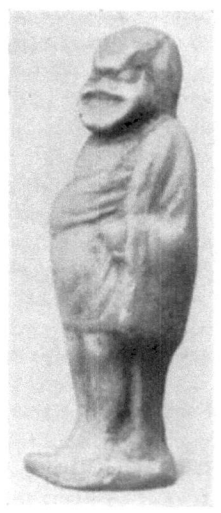

Fig. 92.

hirquina barba, die Ballio im Pseudolus trägt (s. oben S. 55), nicht ein Einfall des Plautus ist, sondern aus dem griechischen Original stammt, in dem dieser Bordellwirt in der Maske des Sphenopogon auftrat, die ja namentlich für den großen Monolog V. 133 ff. vorzüglich paßt. Dasselbe lehren die Bildwerke. Eine Berliner Terrakottastatuette[1] hat einen Kopf mit ausgesprochenen Maisontypus (Fig. 92); aber Gewandung und Haltung scheinen für einen Koch nicht zu passen; ebensowenig für einen Schiffer, welchem Stande diese Maske nach Festus gleichfalls zukam (S. 72 A. 3). Hier liegt nun der Fall vor, daß in einer Komödie eine Person, die kein Koch oder Schiffer war, dennoch in der Maisonmaske auftrat, was ja auch Festus ausdrücklich bezeugt.

Ferner wäre es doch eine unglaubliche Pedanterie gewesen, wenn man den gescheiten Einfall, den beiden Gesichtshälften durch Hochziehen der einen Augenbraue einen verschiedenen Ausdruck zu geben, auf den πρεσβύτης ἡγεμών und den Λυκομήδειος beschränkt und ihn nicht auch für andere Masken, und zwar sowohl ἀνατεταμένα als καθειμένα, verwandt hätte. Namentlich bei dem δοῦλος θεράπων läßt sich das häufig beobachten. Das Berliner Antiquarium besitzt zwei athenische Terrakotta-Exemplare dieser Maske, von denen das eine (Fig. 93)[2] nur die

---

[1] Aus Pergamon, Inv. d. Kleinfunde 178. H. 0,115.
[2] T. I. 6958. Aus der Sammlung Komnos. H. 0,06.

rechte, das andere nur die linke hochgezogen hat (Fig. 94)[1], während bei Pollux steht: ἀνατέταχε τὰς ὀφρῦς. Die linke hochgezogene Braue kehrt auch bei einer Terrakotta Lecuyer[2] wieder, die, nebenbei bemerkt, auch die oben S. 27 besprochenen Bartstoppeln um den Mund aufweist (Fig. 95). Dieselbe Erfahrung haben wir schon bei der durch untrügliche Kriterien als Kolax erwiesenen Terrakottastatuette des athenischen Nationalmuseums (S. 28 Fig. 51. 52) gemacht. Auch dieser zieht nur die eine Augenbraue in die Höhe, während es Pollux in seinem Kanon für beide bezeugt.

Ebenso wird es mit der Ruveser Maske stehen, die wir oben S. 29 Fig. 60 als erstes Beispiel eines ἀνατεταμένος τὴν δεξιάν aufgeführt haben. Die Glatze und der Vollbart weisen sie in die Kategorie des ersten Hermonios, der aber nach dem Kanon beide Augenbrauen hochzieht. Hier haben wir eine Variante, die nach dem Muster des ἡγεμὼν πρεσβύτης nur die rechte hochzieht, dies aber in viel stärkerem Maße, als es sonst beim ersten Hermonios der Fall zu sein pflegt.

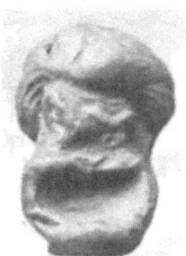

Fig. 93.

Und nun die Kehrseite. Trat in einer Komödie ein ἡγεμὼν πρεσβύτης auf, der, sei es wegen seines sanften Charakters, sei es wegen des Verlaufs der Handlung überhaupt, nicht aus dem Gleichmut gebracht wurde, so war eine solche Differenzierung der beiden Gesichtshälften überflüssig, und man wird sie um so eher vermieden haben, als sie der Aktion doch immerhin gewisse Fesseln anlegen mußte, z. B. den Stellungswechsel in derselben Szene sehr einengte. Wurde also die Maske für ein neues Stück erst besonders angefertigt, — und das wird für die Premièren an den Großen Dionysien doch gewiß der Fall gewesen sein — so wird man in solchem Falle dem ἡγεμὼν πρεσβύτης gleiche d. h. gerade Augenbrauen gegeben haben, so daß er nur als der freundliche Familienvater erscheint. Dies ist z. B. der Fall bei der Maske, die auf dem lateranensischen Relief, das ich an dieser Stelle vollständig abbilde (Fig. 96)[3], neben der Maske

Fig. 94.

Fig. 95.

---

[1]) T. I. 8508. Aus Herrn Linckhs Nachlaß. H. 0,045.
[2]) Collection Lecuyer K. 2, 2. H. 0,11. Angeblich aus Tanagra.
[3]) Nach der Alinarischen Photographie; vgl. oben S. 4 Fig. 6 und S. 44 Fig. 78. Da dies Bildwerk für die Frage nach den Masken der neueren Komödie von fundamentaler Bedeutung ist, so darf es in diesem Programm nicht fehlen, so oft es auch gerade in der letzten Zeit abgebildet und besprochen worden ist; so eben wieder in Brunns Denkmälern der griech. und röm. Skulptur 626, wo Sieveking die neueste Literatur verzeichnet und anmerkt, daß schon Benndorf Lateran 626 an Menander gedacht hat, allerdings im Hinblick auf die fälschlich so gedeutete vatikanische Statue. Als ich die Anmerkung 3 auf S. 4 schrieb, war mir dies entfallen. Auf derselben Tafel wird mit dem lateranensischen Relief eine in der Sammlung Stroganoff befindliche Replik zusammengestellt, auf der die Masken etwas modifiziert sind; der πρεσβύτης ἡγεμών hat die Augenbrauen mehr in die Höhe gezogen, die Haarschleife des λαμπάδιον gleicht noch mehr einer lodernden Flamme, und die Stephane

Abweichungen vom Aristophanischen Kanon.

Fig. 96.

des Lampadion vor Menander auf dem Tisch liegt. Wunderlicherweise hat man geglaubt, daß sich der Dichter durch das Betrachten der Masken inspirieren lassen wolle. Das mag der Schauspieler nötig haben, der allerdings das Bild der Maske seinem Gedächtnis nicht tief genug einprägen kann, und von Clodius Aesopus ist es ja direkt bezeugt[1], aber nimmermehr der

des μέλας ist durch einen Kranz kurzer, aufrechtstehender Haare ersetzt, wie man sie zuweilen bei jugendlichen Satyrköpfen findet; auch fehlt die Stirnfalte entweder ganz oder sie ist nur ganz leicht angedeutet.

[1] Fronto p. 147 Nab. Übrigens muß ich trotz der scharfsinnigen Einwendungen von Studniczka in den Mélanges Perrot p. 307 ss. daran festhalten, daß die Schauspieler auf dem Piraeusrelief Spiegel in den Händen halten. Gerade vor dem Auftreten mußte man sich das Bild der Maske noch einmal recht vergegenwärtigen. Daß diese Spiegel anders aussehen wie die uns bekannten Toilettenspiegel, liegt doch in der Natur der Sache, und daß sich solche Spiegel bisher nicht gefunden haben, ist kein Gegenargument. Oder ist vielleicht eins unserer Museen so glücklich einen Theaterkothurn oder eine wirkliche Schauspielermaske zu besitzen? Auch der Versuch, die Schauspieler mit einem Drama aus der Dionysossage in Verbindung zu bringen, scheint mir nicht geglückt und

Varianten. 79

Dichter. Dieser kann vielmehr verlangen, daß der Ausdruck der Masken dem Charakter der von ihm geschaffenen Figuren entspreche. So sehen wir hier den Menander, wie er die ihm vom σκευοποιός zur Begutachtung gesandten Masken, einen νεανίσκος μέλας (s. oben S. 4), einen ἡγεμὼν πρεσβύτης und ein λαμπάδιον (S. 44) einer sorgsamen Prüfung unterzieht[1]. Natürlich handelt es sich dabei in letzter Linie um eine Dedikation für einen dramatischen Sieg; aber diese Dedikation besteht nicht in den Masken, sondern in dem Relief selbst[2].

Fig. 97.

Umgekehrt zeigt uns die eine pompejanische Maskengruppe neben der οὔλη (S. 39 Fig. 67) einen bärtigen Mann, der alle Merkmale des ἡγεμὼν πρεσβύτης aufweist, aber beide Augenbrauen in die Höhe zieht (Fig. 97). Hier läßt sich nun freilich nicht entscheiden, ob der pompejanische Wandmaler damit den zornmütigen Charakter dieser Rolle, wie er dem Gatten einer οὔλη besonders ansteht,

---

fast alle dabei gemachten Voraussetzungen unmöglich. Lyssa war im Pentheus nicht die Führerin der Mänaden, selbst wenn dergleichen denkbar wäre, sondern Dionysos selbst: Aischyl. Eum. 25 Βάκχαις ἐστρατήγησεν θεὸς und mit Anspielung darauf Euripides Bacch. 52 μαινάσι στρατηλατῶν; vgl. G. Haupt Comm. archaeolog. in Aeschylum p. 116 (Diss. phil. Hal. XIII). Und wie eine Aeschyleische Lyssa aussah, lehrt uns die Aktaionvase Mon. d. Inst. XI tav. 42. Übrigens scheint die Aischyleische Trilogie aus den Dramen Toxotides, Semele und Pentheus bestanden zu haben.

[1]) So im wesentlichen schon Studniczka Philol. Wochenschrift 1895 S. 1627, der auch richtig erkannt hat, daß hinter dem Maskentisch auf hohem Pult das aufgerollte Manuskript der Komödie aufgestellt ist, mit dessen Text der Dichter die Masken vergleicht. Dagegen kann ich ihm nicht zustimmen, wenn er in der rechts stehenden Frau die Glykera erkennen will. Für eine vornehme Hetäre erscheint mir die Gewandung zu akademisch und die Haltung zu pathetisch; auch vermag ich von Porträtzügen nichts zu erkennen. Ebensowenig kann ich sie aber für eine „Muse" halten, eine Bezeichnung, mit der in der archäologischen Exegese überhaupt viel Mißbrauch getrieben wird. Man wird sie Κωμῳδία oder, im Hinblick auf die schöne von Frickenhaus veröffentlichte Pelike aus Emporion (Institut d' Estudis Catalans 1908 Taf. 2), vielleicht noch besser Παιδιά zu benennen haben. Die rechte Hand machte wohl nur einen ermunternden Gestus, schwerlich hielt sie Kranz oder Tänie; vgl. E. Petersen Röm. Mitt. XIX 1904 S. 40 A. 1. Eine Maske ist natürlich gänzlich ausgeschlossen.

[2]) Damit soll jedoch nicht gesagt sein, daß nicht auch Schauspieler häufig mit Masken in den Händen dargestellt werden; vielmehr halte ich diese Bezeichnung bei den meisten der von Krüger Athen. Mitt. XXVI 1901 S. 137 ff. zusammengestellten Reliefs für zutreffend. Schwieriger aber scheint mir die Entscheidung bei der von Eugénie Strong veröffentlichten attischen Grabstele in Lyme Park (Journ. of hell. stud. XXIII 1906 pl. 13), auf die ich unten bei der Frage nach der Herkunft der Masken noch einmal zurückkommen muß. Die Maske, die dort der jugendliche Verstorbene betrachtend in der Hand hält, ist in einem zweiten identischen oder kaum merklich variierten Exemplar in der linken oberen Ecke an der Wand hängend noch einmal angebracht. Daraus könnte man einen ähnlichen Vorgang erschließen wollen, wie auf dem Menander-Relief. Der σκευοποιός hat dem Dichter zwei Varianten derselben Maske zur Auswahl gesandt. Dann hätten wir hier das Grabmal eines in früher Jugend verstorbenen Dichters der ἀρχαία vor uns, ein Gedanke, der zu schön ist, um wahr sein zu können. Es ist aber auch möglich, daß der Bildhauer dieselbe Maske das eine Mal in Profil, das andere Mal in Frontansicht darstellen wollte, um ihren drastischen Eindruck recht deutlich zu machen. Dann hätten wir es, wie auch die feinsinnige Herausgeberin annimmt, mit der Grabstele eines Schauspielers zu tun, und das ist wohl das wahrscheinlichere.

hervorheben wollte oder ob es tatsächlich Masken des ἡγεμὼν πρεσβύτης gab, die ἀνατεταμένα ἑκατέραν τὴν ὀφρῦν waren. Ich halte das Letztere für das Wahrscheinlichere.

Die auf demselben Bilde dargestellte Liebhaber-Maske (S. 28 Fig. 58) haben wir oben für den νεανίσκος πάγχρηστος in Anspruch genommen, obgleich ihr eines der von Pollux angegebenen Merkmale fehlt, die Stirnrunzeln. Umgekehrt finden wir diese sehr ausgeprägt bei einer wohl aus Myrina stammenden Terrakottastatuette des athenischen Nationalmuseums[1], die man schon wegen des ganzen Eindrucks unbedingt für den πάγχρηστος wird halten müssen, und die sogar die beste mir bekannte Verbildlichung dieser Maske ist, der aber ein anderes Merkmal, die hochgezogenen Brauen abgehen, ohne daß dadurch übrigens dem ernsten, beinahe finsteren Gesichtsausdruck Abbruch geschieht (Fig. 98). Auch hier ist es es nicht sicher, ob der Künstler, dem ja nichts ferner lag, als den Maskenkanon genau illustrieren zu wollen, dieses Kriterium weggelassen hat, oder ob es wirklich Masken des πάγχρηστος ohne Stirnfalten und solche mit geraden Augenbrauen gegeben hat. Erwägt man aber, daß die σκευοποιοί, die doch selbst künstlerischen Ehrgeiz gehabt haben werden, sich schwerlich mit einem sklavischen Kopieren begnügen mochten, so daß sie sich, so gut wie der Dichter und der Regisseur, wenn auch aus anderen Gründen wie diese, häufig Abweichungen vom Kanon erlaubt haben werden, so wird man auch hier es für wahrscheinlicher halten, daß es Jünglingsmasken wie die auf dem pompejanischen Bild und die der athenischen Terrakotta auch in Wirklichkeit gegeben hat.

Fig. 98.

Nimmt man hinzu, daß, abgesehen von den künstlerischen Einfällen der einzelnen σκευοποιοί, auch nach der Zeit des Aristophanes von Byzanz ganz unwillkürlich noch eine Weiterbildung der Masken stattgefunden haben muß, da die menschlichen Dinge einmal nicht still zu stehen pflegen, so kann es nicht wundernehmen, wenn uns unter den Bildwerken noch stärkere Varianten des Aristophanischen Kanons begegnen. Solche haben wir, allerdings damit der Beweisführung etwas vorgreifend, bereits oben bei dem ersten Hermonios, dem alten

---

[1]) Mus. Nr. 5045 (Misthos 542). H. 0,225. Über die Farbreste schreibt Rodenwaldt: „Gelb an Gesicht, Hals und Händen, dunkle Farbe (blau?) an den Schuhen". Nach einer Institutsphotographie. Vgl. Winter a. a. O. II 430, 4.

Varianten.

Fig. 99.

Fig. 100.

Freigelassenen und der Hetären-Sklavin konstatiert[1] und wollen nun noch ein paar weitere Beispiele hinzufügen. Die in Corneto gefundene prächtige Terrakottamaske einer freundlichen Alten im Berliner Antiquarium[2] gibt sich sofort als Variante der γραῦς παχεῖα, also der Hetärenmutter zu erkennen (Fig. 99). Sie weist die beiden von Pollux angeführten Kriterien deutlich auf: die παχείας ῥυτίδας ἐν εὐσαρκίαι und das ταινίδιον τὰς τρίχας περιλαμβάνον; außerdem hat sie mit dem oben besprochenen Lecuyerschen Exemplar der παχεῖα (S. 46 Fig. 81) die Scheitelung über der Stirn gemein. Und doch wie verschieden ist der Ausdruck. Die weiter geöffneten Augen, die kleinen Krähenfüßchen an den Augenwinkeln und der Zug um Mund und Nase zeugen von einer viel größeren Intelligenz. Während jeno andere Alte an dem Treiben ihrer Klienten eine gutmütige Freude zu haben scheint, ist diese trotz aller Freundlichkeit eine scharf beobachtende und berechnende Intrigantin. Von äußerlichen Abweichungen sei noch hervorgehoben, daß ihr Haar seitlich nicht aufgepufft, sondern hinter die Ohren zurückgestrichen ist und daß ihre Tänie weiter nach hinten sitzt.

Man sieht, welchen Spielraum der Kanon für Variationen ließ, selbst wenn man sich strikte an seinen Wortlaut hielt, und natürlich war das in noch weit höherem Maße der Fall, wenn man sich solche kleine Abweichungen erlaubte, wie wir sie in Bezug auf Augenbrauen und Stirnfalten vorher konstatiert haben. Dafür noch ein Beispiel. Den Maison haben wir bisher mit sehr starker Glatze und etwas abstehenden Haaren kennen lernen. Dagegen zeigt ihn eine Terrakottamaske des Berliner Museums[3] mit kleinerer Glatze und dicht anliegendem Haar, das sich sogar in der Mitte zu einer Art Speira erhebt (Fig. 100).

Man geht aber noch weiter, indem man einerseits ganz Neues erfindet, andrerseits die charakteristischen Kriterien der einen Maske auf die andere überträgt, so daß von Übereinstimmung mit dem Aristophanischen Kanon nicht mehr die Rede ist. Diese Neubildungen möchte ich als irreguläre Masken bezeichnen. So zeigt eine als Stirnziegel dienende Maske im Museum von Neapel[4] die für den ἡγεμὼν πρεσβύτης charakteristischen gedrehten Bartlocken und die gekrümmte Nase (Fig. 101). Auch ist die rechte Augenbraue beträchtlich mehr in die Höhe gezogen, so daß wir es wohl sicherlich mit einem Vertreter des ἡγεμὼν πρεσβύτης zu tun haben.

---

[1] S. oben S. 18, S. 24 f., S. 37.
[2] T. I. 7188. H. 0,185.
[3] T. I. 5128. H. 0,045. Aus Smyrna, Sammlung Spiegelthal.
[4] H. 0,16. Nach einer von Kekule freundlich zur Verfügung gestellten Zeichnung L. Ottos.

Irreguläre Masken.

Fig. 101.

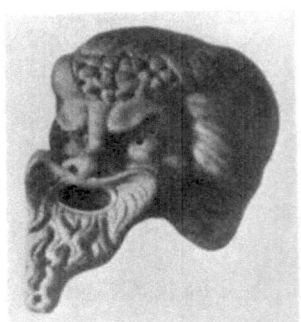

Fig. 102.

Aber statt der regulären Stephane sieht man über der Stirn große steife Locken, die genau so wie die Bartlocken gedreht und von dem Hinterkopf nach vorn gelegt sind.

Eine besondere Vorliebe scheint man in der Zeit nach Aristophanes von Byzanz für den Keilbart gehabt zu haben. Zu diesem gehört ursprünglich die Glatze, sei es die natürliche, sei es die durch Abrasieren künstlich hergestellte; denn der Kanon gibt ihn nur dem glatzköpfigen Sphenopogon und dem rasierten zweiten Hermonios. Aber in der späteren Zeit finden wir ihn nicht nur bei Männermasken mit vollem Haarwuchs, sondern auch bei Sklavenmasken. In der Maskengruppe eines Neapler Reliefs[1] steht neben der Maske eines νεανίσκος μέλας die eines spitzbärtigen Mannes (Fig. 102), der unter dem dicken Kranz des Symposions deutlich eine Stephane trägt wie der πρεσβύτης ἡγεμών, aber doch keine Hakennase hat wie dieser, sondern eine Stumpfnase wie der ἡγεμὼν μακροπώγων καὶ ἐπισείων, dem auch der Gesichtsausdruck am ähnlichsten ist (vgl. Fig. 11). Hier haben wir also eine Kombination von drei Masken des Kanons. Von dem πρεσβύτης μακροπώγων sind die Form und der Ausdruck des Gesichts, von dem ἡγεμὼν πρεσβύτης die Frisur, von dem σφηνοπώγων der Bart entnommen. Eine aus Ägypten stammende Bronzestatuette des Berliner Antiquariums[2] stellt einen sitzenden spitzbärtigen Mann vor (Fig. 103). Die Beine hat er gekreuzt, wie der oben (S. 10 Fig. 20) abgebildete θεράπων οὖλος und wie die auf einen Altar geflüchteten Sklaven[3]. So scheint auch unser

---

[1] Schreiber Hellenistische Reliefbilder Taf. XCIX. Danach unsere Abbildung. Vgl. Wieseler Theatergebäude Taf. V 37 S. 44.

[2] Bronze-Inv. 8937. H. 0,20. Vgl. E. Pernice Arch. Anz. 1904 S. 37, 13.

[3] Übersichtlich zusammengestellt bei Wieseler a. a. O. Taf. XI 8—10 und Salomon Reinach Rép. de la statuaire I 532 f.; vgl. III 157. Eine vorzügliche Photographie des vatikanischen Exemplars (P. CL. III 28) verdanke ich der Freundlichkeit Amelungs, spare mir aber ihre Veröffentlichung für eine andere Gelegenheit auf.

Fig. 103.

Fig. 104.

Mann als Schutzflehender auf einem Altar zu sitzen und gerade beim Anblick seines herannahenden Verfolgers mit komischen Entsetzen zurückzufahren. Auch seine Tracht ist die eines Sklaven, kurzer gegürteter Chiton, kleines Mäntelchen und Hosen, die hier in einer Weise geschlitzt sind, wie sie mir sonst nur bei Attisdarstellungen und der Figur des Winters auf Jahreszeitensarkophagen bekannt ist[1]. Endlich hat er deutlich eine Speira und hochgezogene Brauen. Hier haben wir also einen δοῦλος ἡγεμών mit Spitzbart. Und nicht anders wüßte ich auch eine vor kurzem ins Berliner Museum gelangte Terrakottastatuette zu definieren (Fig. 104. 105)[2].

Fig. 105.

[1] S. Salomon Reinach a. a. O. I 184. 518, II 471. 472. 812, III 187. 266 und den Sarkophag in Pal. Barberini (Bartoli Admir. 78, Matz-Duhn 3016).

[2] H. 0,15. In Paris erworben, nach Angabe des Händlers in Ägypten gefunden.

Fig. 106.

Auch dieser Sklave sitzt mit gekreuzten Beinen da, offenbar in großer Angst, und es ist zu beachten, wie der Künstler den Ausdruck der Maske der Situation entsprechend noch gesteigert hat. Allerdings scheint sein Sitz kein Altar zu sein; er hat also kein Asyl aufgesucht. Aber es sind ja auch noch andere Situationen denkbar, in denen sich ein besorgter Sklave einmal niedersetzt. Wieder finden wir hier den Spitzbart mit hochgezogenen Brauen und der Speira verbunden, also, wie gesagt, wieder ein δοῦλος ἡγεμὼν σφηνοπώγων, dessen Kopf ich auch in Rückenansicht abbilde (Fig. 105), da ich kein Bildwerk kenne, das den Abschluß der Maske im Nacken so deutlich zeigt wie dieses. Die neben diesem Sklaven auf dem Sitz liegende weibliche Maske scheint nach ihrer Frisur eine Pseudokore[1] zu sein. Was sie aber an dieser Stelle bedeutet, ist zunächst völlig rätselhaft. Vielleicht kann uns aber hier eine Maske auf einem jetzt im Thermenmuseum befindlichen Guirlandensarkophag aus dem im Jahre 1884 vor Porta Salaria ausgegrabenen Grabmal der Calpurnier[2] weiterhelfen. Die Vorderseite dieses Sarkophags habe ich oben als Anfangsvignette verwandt (S. 1 Fig. 1); die fragliche Maske bilde ich hier nach einer von Eichler kurz nach der Auffindung gemachten Zeichnung nochmals besonders ab (Fig. 106). Ein alter Sklave mit furchenförmig nach hinten frisiertem Haar. Ich hielt ihn anfangs für eine späte Variante des δοῦλος πάππος, aber es kann wohl kein Zweifel sein, daß wir es vielmehr mit einem regulären δοῦλος πάππος zu tun haben, der im Verlaufe der Komödie als Mädchen verkleidet wird, und zwar als erste Pseudokore, also als die vor ihrer Verheiratung verführte oder vergewaltigte junge Frau. Die Intrigue würde dann der in der Casina verwandt gewesen sein, nur daß es sich in dieser nicht um eine Pseudokore, sondern um eine wirkliche Jungfrau handelt. Nimmt man für den Sklaven, den die Berliner Terrakotta darstellt, eine ähnliche Situation an, so begreift man das kreuzunglückliche Gesicht, das dieser macht; denn die Zumutung sich als Weib zu verkleiden gefällt ihm gar nicht. Ich brauche kaum ausdrücklich zu sagen, daß der Schauspieler in der betreffenden Szene nicht etwa eine Maske der Pseudokore neben sich liegen hatte, noch daß er die Maske einer solchen aufsetzte, sondern nur deren Perrücke. In dem Kontrast dieser jugendlichen Frauenfrisur zu dem bärtigen oder bei der Maske auf dem Sarkophag dem runzligen Sklavengesicht liegt eben die Komik. Bei der Statuette aber hat die Maske zugleich den Zweck, den Beschauer über das Stück, in das der Schauspieler gehört, und über die Situation, in der er gedacht ist, aufklären.

Wir müssen aber noch einen Augenblick bei dem Guirlandensarkophag des Thermenmuseums verweilen, da auch die drei übrigen Masken desselben irregulär sind. Am leichtesten läßt sich noch die dem Pappos gegenüberliegende bärtige Maske unterbringen. Es wird eine

---

[1]) Ob die erste oder zweite, wage ich bei der flauen Behandlung der Frisur nicht zu entscheiden.

[2]) S. Mélanges d'archéologie et d'histoire V 1885 pl. X p. 318 f.: vgl. Henzen Bull. d. Inst. 1885 p. 9 ff. Die Fig. 1 zugrunde liegende Photographie verdanke ich wiederum der Gefälligkeit Amelungs.

spätere Variante des Lykomedeios sein (vgl. oben S. 9 Fig. 16—19). Die Frauenmaske über der Ährenguirlande[1] hat ein altes mageres runzliges Gesicht, etwa wie das Lykainion, nur daß ihm der wolfartige Ausdruck fehlt, dazu aber eine Stephane, die uns bei älteren Frauenmasken bisher nur zweimal begegnet ist, bei der zum Kanon gehörigen παλλακή (S. 39 Fig. 68) und bei der irregulären Maske einer Kupplerin auf dem einen Komödienbilde aus casa del centenario (S. 70 Fig. 88). Für eine παλλακή ist aber die Maske auf dem Sarkophag entschieden zu alt. Es wird sich also wohl auch bei ihr um eine irreguläre Maske der Kupplerin handeln, die aus dem Λυκαίνιον entwickelt ist. Aber noch seltsamer ist die ihr gegenüberstehende Sklavenmaske, die neben leicht gehobenen Augenbrauen und Stirnrunzeln langes, schlichtes, dicht anliegendes Haar hat. Sie stimmt zu keiner der kanonischen Sklavenmasken, die entweder Speira oder Glatze haben; aber der Ausdruck ist ungefähr der des κάτω τριχίας (S. 17 Fig. 34). Man könnte sie also einen κάτω τριχίας ohne Glatze nennen, obgleich dies eine Art von contradictio in adiecto ist.

Es würde einen großen Reiz haben, alle Maskenbildwerke daraufhin zu untersuchen, wie weit sie mit dem Aristophanischen Kanon übereinstimmen, worin die Abweichungen der irregulären Masken von diesem Kanon bestehen und wodurch sie sich erklären, ob sich lokale und chronologische Verschiedenheiten nachweisen lassen, ob und welche Umbildungen die Masken erfuhren, als sie von der römischen Komödie übernommen wurden, kurz die Entwickelungsgeschichte der komischen Maske von der Zeit des Aristophanes von Byzanz an zu schreiben. Aber abgesehen davon, daß ein solcher Versuch die diesem Programm gesteckten Grenzen weit überschreiten würde, scheint hierfür die Zeit noch nicht gekommen. So reich und groß das Material ist, das ich dank der Hilfsbereitschaft so vieler aufopfernder Freunde übersehe, für annähernd vollständig kann es noch lange nicht gelten. Und überhaupt sollen hier nur die ersten, z. T. recht unsicheren Fundamente für eine weitgreifende und tief einschneidende Untersuchung gelegt werden, auf denen korrigierend und ergänzend weiter zu bauen ich anderen überlassen muß. Nur über die einzelnen Denkmälerklassen, die wir bisher bunt durcheinander herangezogen und verwertet haben, flechte ich hier noch ein paar Bemerkungen ein.

Als außerordentlich wichtig und ungemein zuverlässig haben sich uns die Terrakotten aus Myrina, Pergamon und Priene erwiesen; kein Wunder, denn diese Städte liegen ja in dem Bannkreis von Teos, der hohen Schule hellenistischer Schauspielkunst. Weniger streng kanonisch sind, auch schon in der früheren Zeit, die Terrakotten anderer Provenienz, namentlich die aus Italien, von denen ich darum auch nur wenige herangezogen habe. Hier hat man in der Tat bei vielen den Eindruck, daß sie nicht in die neuere Komödie, sondern in die einheimische Posse gehören[2]. Dagegen sind die Marmorstatuen komischer Schauspieler und die

---

[1]) Wie bei dem Marsyassarkophag Barberini (Sark. Rel. III 196) in den Guirlanden alle vier Jahreszeiten zum Ausdruck gebracht sind, so hier in der Guirlande links der Herbst, in der rechts der Sommer.

[2]) S. z. B. Winter a. a. O. II 430, 7. 431, 1—8.

komischen Marmormasken ebenso treue Wiedergaben der neueren Komödie wie die myrinäischen Terrakotten.

Auch die Komödienszenen auf Wandgemälden und Reliefs gehen wohl alle sicher auf die neuere Komödie zurück; nur haben die Interpreten die dargestellten Situationen häufig genug mißverstanden. Als ihre bildliche Vorlage kommen einerseits die Votivgemälde einzelner Dichter und Schauspieler[1], andrerseits die illustrierten Buchausgaben in Betracht. Ich glaube aber, daß weitaus in den meisten Fällen die letzteren als Quelle anzusehen sind, so für die Friese und die imitierten Tafelbilder der casa del centenario, die übrigen im Vorhergehenden herangezogenen Gemälde aus Pompeji und Herculaneum[2], sowie das Neapler Relief (S. 62 Fig. 85). Bei diesem ist der architektonische oder richtiger szenische Hintergrund natürlich Zutat des Bildhauers. Die guirlandentragenden Bukranien zu beiden Seiten des Thorbogens, der verschnörkelte Giebel, der durchaus an die barocken Giebel der Wandmittelfelder in casa Tiberina und in dem Haus der Livia erinnert[3], und die ornamentierten Quadern in den Türfeldern, die uns von den Wänden des frühen zweiten Dekorationsstils her so wohl bekannt sind[4], beweisen, daß das Relief etwa in die Zeit Cäsars gehört[5]. Daher darf auch die Szenerie nicht zu Schlüssen für das Aussehen einer älteren hellenistischen Dekoration verwandt werden.

Ähnlich steht es mit den Maskengruppen. Auch sie finden sich bekanntlich schon früh auf Votivreliefs; aber auch für die Personenverzeichnisse der illustrierten Handschriften hat man sie mit Recht postuliert[6]. Auf solche gehen sicher die im Vorhergehenden vielfach verwerteten Maskengruppen aus dem Haus an der Stabianerstraße zurück[7], die deutlich die Personen bestimmter Stücke, nach ihrem gegenseitigen Verhältnis gruppiert, zusammenstellen. Nur kann ich es nicht mehr aufrecht erhalten, daß alle in dem einzelnen Stück vorkommenden Masken oder auch nur die aller Hauptpersonen dargestellt sind, wie ich andrerseits jetzt den Kopf des Ketos in der Andromedagruppe für einen Zusatz des Wandmalers halte, den ich für die Reconstruction und die Inszenierung des Stücks nicht hätte verwerten dürfen. Hingegen könnte die Andeutung der Meeresklippen ganz gut auf die Handschrift zurückgehen. Ebenso sind die

---

[1]) Reisch Griech. Weihgeschenke S. 145 f. Ein solches Votivrelief, das freilich nicht eine Szene des siegreichen Stücks, sondern den Dichter selbst vor der Aufführung zeigt, haben wir oben S. 78 f. in dem Menanderrelief des Lateran kennen gelernt.

[2]) S. 5 Fig. 7—9, S. 22 Fig. 48—50, S. 24 Fig. 53, S. 25 Fig. 54, S. 31 Fig. 61, S. 42 Fig. 72, S. 63 Fig. 86, S. 70 Fig. 88.

[3]) Mon. d. Inst. XI tav. 22. 23, XII tav. 18. 23.

[4]) Mau Gesch. der dec. Wandmalerei 125 ff. Schreiber Reliefs Grimani 25 denkt seltsamerweise an einen Belag aus Metallplatten, und das an einer scaena ductilis.

[5]) Reisch in seinem mit Dörpfeld herausgegebenen Buche über das griechische Theater 328 setzt das Relief ins zweite Jahrhundert v. Chr. Die richtige Datierung gibt Sieveking zu Brunns Denkm. 630.

[6]) S. Arch. Zeit. XXXVI 1878 S. 24, Leo Rhein. Mus. XXXVIII 1883, 345, Bethe Terentius, Cod. Ambros. praef. 53 s.

[7]) Siehe S. 28 Fig. 58, S. 39 Fig. 67, S. 40 Fig. 70, S. 79 Fig. 97; S. 40 Fig. 69.

Masken-Mosaike, unter denen besonders die Exemplare im Lateran und im Vatikan[1] hervorgehoben zu werden verdienen, zu beurteilen.

Die in der Architektur, der Toreutik[2] und der von dieser beeinflußten Keramik dekorativ verwandten Masken dürfen natürlich ebenfalls für ein durchaus zuverlässiges Material gelten. Nach bestimmten Prinzipien scheinen sie indessen nicht zusammengestellt worden zu sein. Auf dem einen Hildesheimer Silberbecher fanden wir den ersten Hermonios ganz isoliert (S. 18 Fig. 36). Nur die dekorative Wirkung der einzelnen Maske scheint also hier maßgebend gewesen zu sein. Dagegen hat man bei den Masken auf den römischen Guirlandensarkophagen den Eindruck, daß hier doch wieder bestimmte Rollen aus bestimmten Stücken gemeint sind.

Endlich möchte ich noch darauf hinweisen, daß die Maske, die die vatikanische Thalia in der Hand[3] hält, die des θεράπων ἡγεμών ἐπίσειστος ist und daß dieselbe Maske auch auf den Sarkophagen meistens in der Hand dieser Muse erscheint. Sie scheint also in der Kaiserzeit die üblichste Sklavenmaske gewesen zu sein und den ersten θεράπων ἡγεμών verdrängt zu haben.

Die letzten Ausläufer der Komödienszenen und der Maskengruppen begegnen uns in den mittelalterlichen Terenzhandschriften, die Dank der wissenschaftlichen Weitsicht der Bibliotheksleiter jetzt in vorzüglichen Publikationen dem Studium bequem zugänglich gemacht worden sind[4]. Während man sich nun bisher darüber einig war, daß diese Miniaturen eine außerordentlich wichtige Quelle für unsere Vorstellung vom antiken Bühnenwesen seien, und daß sie, wenn auch durch eine Reihe von Mittelgliedern, auf eine illustrierte Ausgabe zurückgehen, die Bethe an die Wende des zweiten und dritten nachchristlichen Jahrhunderts, Karl E. Weston in vorquintilianische Zeit, Leo in die des Varro versetzt, ist kürzlich Otto Engelhardt[5] mit der These hervorgetreten, die Bilder seien erst am Ende des fünften Jahrhunderts für die um diese Zeit veranstaltete Ausgabe des Calliopius von einem Manne gezeichnet worden, dem jede Bühnenanschauung gefehlt, der niemals die Stücke auf der Bühne gesehen und lediglich „aus dem Verständnis des Textes heraus" gezeichnet habe. Auf die Masken wird bei der Argumentation, wohl aus dem oben (S. 1) angeführten Grunde, fast gar nicht eingegangen, auch nicht untersucht, wie sie sich zu den älteren uns erhaltenen Maskendarstellungen verhalten; es wird nur S. 40 kurz und bündig, und mit einem Tone des Vorwurfs das Resultat gezogen, daß sich im Wesentlichen nur zwei Typen unterscheiden lassen, natürlich gebildete und solche mit weiter Mundöffnung, und zwar seien die letzteren in der Regel für die Alten, Sklaven und

---

[1] Nogara, Mosaici del Vaticano e del Laterano tav. V. VI und tav. XXVIII. XXXII.
[2] Th. Schreiber Alexandrinische Toreutik (Abh. d. sächs. Ges. XIV) 451 ff.
[3] Helbig Führer I² 279, Amelung Basis von Mantineia S. 33. 40 ff.
[4] Terenti Codex Ambrosianus her. von de Vries mit Einleitung von Bethe, Omont Comédies de Terence, van Wageningen Album Terentianum, Weston and Watson Harvard studies XIV 1908. Am treuesten geben der Parisinus 7899 und der Vaticanus 8868 die Illustrationen des Archetypus wieder.
[5] A. a. O. S. 83 und S. 91. Vgl. oben S. 1 A. 1.

Parasiten, die natürlich gebildeten dagegen für Frauen und junge Männer verwandt worden. Hier spricht also Engelhardt ahnungslos aus, daß die Zeichnungen genau dem Prinzip entsprechen, auf dem die Klassifikation des Aristophanischen Kanons beruht (s. oben S. 49). Übrigens, wenn uns drei der Zeichnungen oben bei der Ermittelung der Typen des στρατιώτης ἀλαζών (S. 5 Fig. 10), des ἡγεμὼν πρεσβύτης (S. 29 Fig. 59) und der γυνὴ οὔλη (S. 39 Fig. 66) gute Dienste geleistet haben, so kann es doch gar so schlimm mit ihnen nicht stehen. Wenigstens einige müssen auf gute antike Tradition zurückgehen, und vielleicht ist sie bei den anderen nur durch Mißverständnis oder Nachlässigkeit des Copisten verwischt. Es lohnt sich das in Kürze näher zu untersuchen, wobei ich mich auf den Parisinus beschränke.

Wir gehen dabei von dem vor dem Personenverzeichnis der Andria stehenden Maskenscrinium aus, dem wir schon oben die Maske des ἡγεμὼν πρεσβύτης entnommen haben. Ich setze es nach Omonts Lichtdruck fol. 2 ganz hierher (Fig. 107). Den einzelnen Masken sind Namen beigeschrieben, die wir auf ihre Richtigkeit ihm zu prüfen haben werden. Danach wären die Masken in der ersten Reihe: Si(mo), So(sia), Pan(philus), Gli(cerium) f(ilia), die der zweiten: Cris(is) f(ilia), Mi(sis) a(ncilla), Ar(chylis) f(ilia), Da(os) s(ervus), die der dritten: Les(bia) f(emina), Ca(rinus), Bi(rria) s(ervus), Cri(to), die einzelne in der vierten: Dao(s) s(ervus). Daß die Maske des Simo den ἡγεμὼν πρεσβύτης vorzüglich wiedergibt, nur daß der Bart kürzer und schwächer geworden ist, haben wir schon oben gesehen. Man beachte auch, wie nicht nur in Stirn und Brauen, sondern auch in den Augen selbst die zornige und die freundliche Stimmung zum Ausdruck kommt. Die zweite Maske, der freigelassene Sosias, ist ein δοῦλος πάππος; hier ist es klar, daß der Zeichner die Haartracht in der Vorlage nicht verstanden hat, aber ebenso klar, daß das, was er mißverstanden hat, eine Speira von grauen Haaren war, vgl. oben S. 24 Fig. 53. Die dritte Maske kann wegen der weiten Mundöffnung nicht der Liebhaber Pamphilus sein; Wageningen denkt an Chremes; aber dieser müßte entweder eine Stephane oder eine stärkere Glatze haben. Augenscheinlich ist es eine Sklavenmaske, und zwar wie die Glatze und das schlichte Haar zeigen, ein κάτω τριχίας (vgl. S. 17 Fig. 34), jedoch eine Variante, bei der nur die rechte Augenbraue emporgezogen ist. Fragen wir, welcher Sklave des Stücks in dieser Maske aufgetreten ist, so liegt die Antwort auf der Hand: der Leiter der Intrigue, Davos, und damit lernen wir auch das Prinzip kennen, nach dem die Masken angeordnet sind, nämlich in der Reihenfolge, in der ihre Träger im Stück auftraten. In dieser Ordnung pflegen ihre Namen auch in den Personenverzeichnissen der antiken Handschriften, die freilich für Terenz nicht erhalten sind, aufgezählt zu werden, und eben diese Personenverzeichnisse zu illustrieren oder zu ersetzen sind diese Maskenscrinien bestimmt. Die vierte Maske wird durch die Beischrift als Glycerium bezeichnet, die überhaupt nicht auftritt, sondern nur hinter der Bühne spricht, trotzdem aber auch in den Szenenbildern gezeichnet wird. Die fünfte Maske wäre nach der Beischrift die Freundin des Glycerium, die Hetäre Chrysis, die aber beim Beginn des Stücks bereits tot ist. Hier liegt also sicherlich ein Irrtum vor. Aber auch die Benennung der vierten Maske als Glycerium ist verdächtig, weil sie dem

Fig. 107.

eben erkannten Prinzip der Reihenfolge widerspricht; denn Glycerium läßt ihren Weheruf erst V. 473 erschallen. Nach diesem Prinzip müßte die vierte Maske die der Mysis sein, aber wem gehört dann die fünfte Maske? Im Stück tritt nämlich nach Mysis gleich Pamphilus auf. Die Antwort kann nur lauten: Archylis, deren Name der siebenten Maske beigeschrieben ist. Diese, die alte Freundin von Chrysis und Glycerium, tritt nun freilich nicht nur nicht auf, sondern spricht auch nicht einmal hinter der Szene; sie wird nur V. 228 von Mysis, V. 481 von Lesbia angeredet. Trotzdem hat sie der Zeichner auch in den Illustrationen dieser Szenen gleichfalls dargestellt. Ich erinnere nur vorläufig an diese allgemein bekannte Tatsache, spare mir aber ihre nähere Erörterung für später auf. Ihrer sozialen Stellung nach müßte nun diese Archylis, wenn sie aufgetreten wäre, die Maske der σπαρτοπόλιος getragen haben (vgl. oben S. 74). Diese Maske ist eine der wenigen, die wir bisher in Bildwerken nicht nachweisen konnten. Wir wissen nur durch Pollux von ihr, daß sie keine περίκομος war, also gescheiteltes Haar trug (S. 40). Solches finden wir nun wirklich bei der fraglichen Maske, und der hohe Aufbau würde für eine einstmalige Hetäre sehr passend sein. Aber merkwürdiger Weise trägt die vierte Maske, die präsumptive Mysis, dieselbe Frisur, während sie nach dem Kanon das παράψηστον sein, also glattgestrichenes Haar haben müßte. Nun ist es ja a priori sehr unwahrscheinlich, daß sich die neuere Komödie mit den beiden Sklavinnenmasken des Kanons begnügt haben sollte. Gerade die Frisur der Frauenmasken wird am stärksten der Wandlung und Neuerung unterworfen gewesen sein, und wie wir oben bei dem Neapler παράψηστον (S. 37 Fig. 63, vgl. S. 47 A. 1) dieselbe Frisur gefunden haben wie bei dem γράιδιον οἰκουρόν, so könnte man auch ganz gut dieser Maske einmal die Frisur der Spartopolios, natürlich ohne die melierten Haare, gegeben haben. Aber es ist auch mit der Möglichkeit zu rechnen, daß diese Gleichmäßigkeit lediglich auf Rechnung des Kopisten kommt, der z. B. bei dem Maskenscrinium des Phormio es sich so bequem gemacht hat, daß er einfach zwei Masken zwei bis dreimal wiederholt hat (vgl. unten S. 94 A.). Und für diese zweite Eventualität spricht, daß in den Szenenbildern, wenn ich diese ausnahmsweise schon jetzt einmal heranziehen darf, die Frisur der Mysis so gezeichnet ist, daß der hohe Aufbau fehlt und das Haar glatt erscheint, so daß sie in der offenbar sowohl nicht recht verstandenen als ungenau wiedergegebenen Vorlage sehr wohl die Frisur des παράψηστον gehabt haben könnte; einmal (fol. 20 bei Omont) scheint sogar die Scheitelung angedeutet zu sein. Im Übrigen siehe fol. 6 (rechts)[1]. 7. 13. 19. 21—22. Eine andere Frage ist die, ob nicht vielleicht die vierte Maske die Archylis und die fünfte die Mysis darstellen soll, also die angeredete ihren Platz vor der anredenden erhalten hat, was ebensogut denkbar ist, wie das Umgekehrte. Und diese Frage läßt sich, wie ich glaube, entscheiden. So ähnlich nämlich die Frisur der beiden Masken ist, so verschieden ist das Gesicht. Die vierte Maske zieht die Augenbrauen weit stärker in die Höhe und hat einen viel besorgteren Ausdruck als die fünfte. Da nun das παράψηστον kein ἀνατεταμένον ist, so scheint in der Tat die vierte Maske die Archylis und die fünfte die Mysis zu sein. Daß die sechste, als Mysis bezeichnete Maske vielmehr die des Pamphilus ist, hat bereits van Wageningen ausgesprochen. Es ist ein zweiter Episeistos; die Stephane ist in ähnlicher Weise vom Zeichner mißverstanden, wie die Speira beim Sosia. Dann folgt an siebenter Stelle dieselbe Maske noch einmal; nach der Namensbeischrift wäre es die Archylis. Nach dem von uns erkannten Prinzip der Anordnung ist es Charinus. Ob dieser nun wirklich vom Illustrator gleichfalls als zweiter Episeistos gezeichnet war, oder ob wieder der Kopist aus Bequemlichkeit dieselbe Maske noch einmal gezeichnet, also der Fall derselbe ist, wie bei Archylis und Mysis, läßt sich mit Sicherheit nicht sagen, wahrscheinlicher aber ist das zweite. Die achte Maske ist deutlich ein δοῦλος ἡγεμὼν ἐπίσειστος, und diesmal hat der Kopist seine Vorlage recht genau wiedergegeben. Den Sklavencharakter hat auch der Urheber der Beischriften richtig erkannt, aber im Namen hat er sich vergriffen, wenn er sie für den Davos

---

[1]) Hier sind die Beischriften *Mysis* und *ancilla* (Archylis) vertauscht.

hält, den wir schon in der dritten Maske erkannt haben; es ist der Byrria. In der nächsten Reihe folgt als neunte Maske, diesmal mit richtiger Namensbeischrift, die Hebamme Lesbia, eine unverkennbare und recht exakt kopierte γυνὴ οὔλη. Die zehnte als Carinus bezeichnete Maske ist das Glycerium. Der seltsame Kopfputz ist offenbar nichts anderes wie die mißverstandene Furchenfrisur. Also eine ψευδοκόρη, welche Maske ja in der Tat Glycerium bei Menander hätte tragen müssen, wenn sie aufgetreten wäre. Die elfte Maske mit der Beischrift Byrria ist Chremes, ein πρεσβύτης μακροπώγων καὶ ἐπίσειων, aber mit Spitzbart, eine Variante, die wir bereits oben (S. 82 Fig. 102) auf der Neapler Maskengruppe gefunden haben. Die zwölfte Maske ist richtig als Crito bezeichnet. Es ist ein zweiter Pappos, für welchen wir diese Rolle schon oben (S. 57) in Anspruch genommen haben. Die Glatze scheint der Kopist mißverstanden zu haben, aber den traurigen Gesichtsausdruck hat er gut wiedergegeben. Statt des breiten Vollbarts aber (S. 20 Fig. 43) trägt auch diese Maske einen Spitzbart. Der Schöpfer der Bilder lebte also zu einer Zeit, in der die oben S. 82 konstatierte Vorliebe für die σφηνοκώγωτες bereits Platz gegriffen hatte. Die letzte Maske endlich ist wieder ein κάτω τριχίας, wie die dritte, der Davos, jedoch diesmal mit gleichen Gesichtshälften. Durch einen komischen Zufall gibt der Autor der Beischriften auch dieser Maske den Namen Davos, obgleich er ihn schon für die achte Maske verbraucht hat. In Wahrheit ist es der lorarius Dromo, und neben der Maske ist auch in der Tat das lorum angebracht.

Blicken wir zurück, so zeigt sich, daß der Zeichner seine Vorlage teils recht gut kopiert, teils mißverstanden und außerdem aus Bequemlichkeit zweimal dieselbe Maske zweimal gezeichnet hat. Grobe Mißverständnisse finden wir, wie dies in der Natur der Sache liegt, in der Wiedergabe der Frisur, namentlich der Stephane, der Speira und der Furchenfrisur. Aber immer schimmert noch etwas von der Exaktheit der ursprünglichen Vorlage durch. Wie weit diese Mißverständnisse dem Zeichner des Parisinus selbst zur Last fallen, wie weit die Mittelglieder, die ihn von dem Original trennen, schon gesündigt haben, können wir nicht sagen. Um so mehr muß es überraschen, trotz der zahlreichen Zwischenstadien noch so genaue und charakteristische Maskendarstellungen zu finden, wie die des ἡγεμὼν πρεσβύτης, des κάτω τριχίας, des δοῦλος ἡγεμὼν ἐπίσειστος, des πρεσβύτης μακροπώγων und der οὔλη.

Auf der gleichen Höhe stehen nun die anderen Maskenscrinien des Parisinus nicht, von denen der übrigen Handschriften ganz zu schweigen. Immer häufiger finden wir, daß dieselbe Maske aus Bequemlichkeit mehrere Male wiederholt wird, die charakteristischen Kriterien gehen fast ganz verloren, die Greisenmasken verlieren ihre Bärte und sind von den Sklavenmasken kaum zu unterscheiden, die Frisur der Frauenmasken wird ganz unverständlich. Man hat den Eindruck, daß der Zeichner, je weiter die Arbeit vorschritt, um so nachlässiger und bequemer wurde, und da er die Bedeutung der einzelnen Kriterien überhaupt nicht verstand, zuletzt ganz mechanisch verfuhr. So bildet er sich schließlich seinen eigenen Maskenstil, namentlich liebt er die ganz unantiken Backenbärte. Am schlimmsten steht es mit dem Scrinium der Hekyra, wo nicht nur die Reihenfolge geändert, sondern auch die Maske des Liebhabers ausgelassen ist und dafür je eine Alten- und je eine Sklavenmaske zweimal gezeichnet sind. Als Gegensatz zum Maskenscrinium der Andria will ich auch noch dieses Scrinium analysieren Fig. 108[1]. In der Hecyra treten auf: fünf Frauen, vier Alte oder Sklaven und ein Jüngling; im Scrinium finden wir auch richtig fünf Frauenmasken, aber keine Jünglingsmaske, sondern sechs Greisen- oder Sklavenmasken. Also überdies noch eine Maske zu viel. Wie geht das zu? Vielleicht führt folgender Weg zu einer Lösung. Denken wir uns die zehn Masken der Komödie nach dem oben (S. 88) festgestellten Prinzip in den drei Reihen angeordnet, so erhalten wir folgende Gruppierung:

    I   1. Philotis meretrix,   2. Syra anus,   3. Parmeno servus,   4. Laches senex,
   II 5. Sostrata mulier,   6. Phidippus senex,   7. Pamphilus adulescens,
   III 8. Myrrhina mulier,   9. Sosia servus,   10. Bacchis meretrix.

Nun finden wir in dem Scrinium die ersten drei Masken der ersten und der dritten Reihe und das erste Paar der zweiten in derselben Gruppierung wieder, aber jedesmal in einer anderen Reihe. In der untersten Reihe erkennen wir nämlich dort 1. Philotis, 2. Syra, 3. Parmeno, und zwar Philotis mit langen Schulterlocken und hohem Aufbau, also doch wohl ursprünglich als ἑταιρικὸν τέλειον, dessen Furchenfrisur aber von den Kopisten mißverstanden und daher inkorrekt wiedergegeben worden ist, Syra als Spartopolios, Parmeno als κάτω τριχίας, aber kaum noch mit Glatze, wie wir ihn auch schon auf dem Guirlandensarkophag des Thermenmuseums gefunden haben (vgl. S. 1 Fig. 1 und S. 85). Aber außerdem hat er einen Backenbart erhalten, ob durch die leidige Willkür der Kopisten, die diese unantike Bartform überall anbringen, oder weil in dem Original eine Variante mit Spitzbart gezeichnet war (s. S. 82), muß dahingestellt bleiben. Das erste Paar unserer zweiten Reihe: 5. Sostrata und 6. Phidippus steht in dem Scrinium in der ersten Reihe, die Frau als οὔλη, der Mann als πρεσβύτης μακροπώγων καὶ ἐπισείων, sogar noch mit einem Rest von Bart. Aber statt des Pamphilus, den wir nun erwarten, folgen zwei Masken von Greisen oder Sklaven. Die drei Masken unserer dritten Reihe stehen in dem Scrinium in der zweiten, nämlich 8. Myrrhina, 9. Sosia, 10. Bacchis; die Myrrhina wieder als οὔλη, während sie in dem Szenenbild fol. 118 als λεκτική erscheint (s. unten S. 94 Fig. 109), der Sosia als ein vortrefflicher θεράπων ἐπίσειστος, nur wieder mit dem fatalen Backenbart, die Bacchis mit hohem Haaraufsatz, der auch in den Szenenbildern fol. 122 und 123 wiederkehrt und in letzterem entschieden an das Lampadion erinnert, welches sie in dem Original wohl auch gewesen sein wird. Nun folgt am Schluß dieser Reihe wieder eine Greisen- oder Sklavenmaske, die der am Ende der ersten Reihe gerade über ihr stehenden so ähnlich ist wie ein Ei dem anderen. Es fehlen uns nun noch Pamphilus und Laches, und dafür haben wir drei noch unbenannte Greisen- oder Sklavenmasken. Keine von diesen kann natürlich der Pamphilus sein, wohl aber werden wir den Laches unter ihnen zu suchen haben. Nun sieht die eine von ihnen, die dritte der ersten Reihe, dem Parmenon der unteren Reihe verzweifelt ähnlich, und ebenso ähnlich sind

---

[1]) Nach Omont a. a. O. pl. 108. Zu den drei übrigen Scrinien soll wenigstens hier in der Note das Wichtigste bemerkt werden. Die Masken zum Heautontimorumenus (Omont pl. 55) hat schon

Das Maskenscrinium der Hecyra. 93

Fig. 108.

sich, wie bemerkt, die beiden anderen untereinander. Es sind beides πρεσβῦται μακροπώγωνες καὶ ἐπισείοντες, sogar noch mit einem Überbleibsel von Bart, eine für den Laches durchaus passende Maske. So stellt sich also heraus, daß der Laches und der Parmeno zweimal gezeichnet sind; und im Gegensatz zu der oben festgestellten regulären Reihenfolge ist die des Maskenscriniums folgende:

I	5. Sostrata	6. Phidippus	3. Parmeno I	4. Laches I
II	8. Myrrhina	9. Sosia	10. Bacchis	4 bis. Laches II
III	1. Philotis	2. Syra	3 bis. Parmeno II	

Man sieht, Parmeno steht das erstemal zwar falsch hinter Phidippus, aber richtig vor Laches an der ihm gebührenden dritten Stelle, das zweitemal richtig hinter Syra, Laches das erstemal richtig hinter Parmeno, das zweitemal falsch hinter Bacchis, und Pamphilus fehlt gänzlich.

---

van Wageningen richtig benannt: Chremes und Menedemus beide als μακροπώγωνες καὶ ἐπισείοντες, aber, wie gesagt, ohne Bärte, Clitipho und Clinia beide als ἐπίσειστοι B, Syrus und Dromo beide als δοῦλοι ἡγεμόνες ἐπίσειστοι.

Wie ist nun diese Konfusion entstanden? Einen allerdings ganz unsicheren Erklärungsversuch will ich hier vorlegen. Der Kopist hat, Gott weiß aus welchem Grunde oder Zufall, mit der zweiten Reihe begonnen und zuerst Sostrata und Phidippus gezeichnet, ist dann aber, statt mit Pamphilus fortzufahren, in die erste Reihe geraten und hat als dritte und vierte Maske Parmeno und Laches gezeichnet. Hierauf hat er die dritte Reihe: 8. Myrrhina, 9. Sosia, 10. Bacchis in seine zweite Reihe gesetzt und außerdem, vielleicht nur der Symmetrie wegen oder um die Reihe zu füllen, den Laches noch einmal wiederholt. In seine dritte Reihe

Bacchis mit Diadem, also vielleicht als διάχρυσος, Antiphila, die als ἑταιρίδιον ὡραῖον eine Tänie haben müßte, in derselben hohen Frisur wie Archylis und Mysis in dem Andriascrinium, Canthara mit hohem Kopfputz, vielleicht im Original Schleier oder Haube, wohl als γρᾴδιον οἰκετικόν (vgl. S. 73) und als die von Sostrata angeredete (V. 614) vor diese gestellt (s. S. 90), hierauf Sostrata als οὔλη (s. S. 74) und endlich Phrygia mit einer Frisur, die sich vielleicht auf die des παράψηστον zurückführen ließe. Noch weiter geht die Gleichmacherei bei den Masken der Adelphoe (fol. 78): Micio, Demea und der Sannio, alle drei als πρεσβῦται μακροπώγωνες καὶ ἐπισείοντες, aber alle ohne Bärte, auch der Bordellwirt, und dieser sogar ohne die charakteristische Glatze, die jedoch in den Szenenbildern (fol. 82, 83 und 85) noch einigermaßen kenntlich ist, besonders fol. 83 (s. S. 95 Fig. 111). Dann Aeschinus als zweiter Episeistos, Parmeno als θεράπων ἐπίσειστος, aber von den πρεσβῦται ἐπισείοντες kaum zu unterscheiden, Bacchis vielleicht als Lampadion, Syrus wieder als θεράπων ἐπίσειστος mit sehr korrekt gezeichneter Speira, Ctesipho, wie Aeschinus, ein zweiter Episeistos, die Amme Canthara (wiederum als die angeredete V. 288 vorangestellt) mit ähnlichem Kopfputz wie das Glycerium im Andriascrinium, der aber hier im Original wohl ein Kopftuch gewesen sein wird, Sostrata als οὔλη noch leidlich zu erkennen (s. oben S. 74), Geta, wie Syrus, ein θεράπων ἐπίσειστος und ebenso korrekt gezeichnet wie dieser, Hegio als πρεσβύτης μακροπώγων καὶ ἐπισείων, aber viel genauer wiedergegeben als die drei gleichartigen ersten Masken des Scriniums, sogar noch mit deutlichem Bart, endlich der nur hinter der Szene angeredete Dromo, den die Szenenüberschrift cocus nennt, wiederum als θεράπων ἐπίσειστος, also als Hausklave, als welchen ihn Terenz nach der Art, wie er ihm durch Syrus V. 375 f. Befehle erteilen läßt, auch wohl gedacht wissen wollte. Endlich die Masken zu dem Phormio (fol. 126): Davos und Geta als θεράποντες ἐπίσειστοι, Antipho mit gescheiteltem Haar, also gänzlich mißverstanden, im Original wohl ein zweiter Episeistos, Phaedria gleichfalls zweiter Episeistos, Demipho ἡγεμὼν μακροπώγων καὶ ἐπισείων, recht gut, sogar noch mit einem deutlichen Rest von Bart, Phormio, der in dem Szenenbild fol. 149 (S. 95 Fig. 110) und öfter ganz korrekt mit Glatze, also als κόλαξ, gezeichnet ist, hier als θεράπων ἐπίσειστος, einfach nach dem Geta kopiert. Dann die drei advocati, sämtlich als ἐπίσειστοι B, obgleich in den beiden Szenenbildern fol. 134. 135 (S. 105 Fig. 122. 123) Cratinus mit einer Glatze erscheint. Er war also im Original vielleicht ein Hermonios oder ein Sphenopogon. Da der Kopist den hierfür entscheidenden Bart weggelassen hat, läßt sich hierüber keine Klarheit gewinnen. Dem dann folgenden leno Dorio ist noch etwas von seinem Bart gelassen, aber statt der Glatze hat er zwar volles Haar, doch sicher keine Stephane. Dagegen ist in dem Szenenbild fol. 137 die Glatze ganz deutlich, wenn auch, wie nicht anders zu erwarten war, der Bart wieder weggelassen ist. Chremes ist ähnlich gezeichnet wie der Crito der Andria, d. h. die Glatze des Originals ist mißverstanden, aber auf den Szenenbildern fol. 139 (s. unten S. 96 Fig. 114) und fol. 141 (S. 97 Fig. 116) ist sie ganz deutlich. Er ist also der zweite Pappos (vgl. V. 575), aber der Kopist hat ihn seiner Gepflogenheit gemäß zugleich zu einem ἐπίσειστος gemacht. Es folgt Sophrona die Amme mit ähnlicher Frisur wie die Archylis im Andriascrinium, also vielleicht als Spartopolios (s. V. 753 ff.), und Nausistrata als οὔλη. Unter den drei Masken-Reihen sind eine brennende Fackel und eine Hypothymis (nicht Stephane) angebracht als Anspielung auf die Hochzeit des Antipho mit seiner Cousine Phanium, mit der das Stück schließt.

Fig. 109.   Fig. 110.   Fig. 111.

hat er darauf die drei ersten Masken der ersten Reihe: 1. Philotis, 2. Syra und noch einmal 3. Parmeno gestellt, den früher übersprungenen Pamphilus aber hat er vergessen.

Aber all diese Verwirrung, diese Mißverständnisse, diese Willkürlichkeiten sind doch nicht im Stande den Eindruck auszulöschen, daß das Original mit sicherster Kenntnis der einzelnen Maskentypen und ihrer charakteristischen Kriterien gezeichnet war.

Wenn wir nun den oder die Kopisten schon in der Wiedergabe der in größerem Maßstab gehaltenen Masken der Scrinien so willkürlich und verständnislos ändern und egalisieren sehen, so werden wir dies in noch weit höherem Grade bei den viel kleiner gehaltenen Masken der Szenenbilder erwarten und an diese mit nicht allzugroßen Erwartungen herantreten. Um so mehr muß es überraschen, auch hier zuweilen durchaus korrekte Masken zu finden, abgesehen natürlich von den Bärten. So haben wir schon oben einen sehr guten ersten Episeistos (S. 5 Fig. 10) und eine geradezu vortreffliche οὐλη kennen gelernt (S. 39 Fig. 66). Ich füge hier noch einige Beispiele hinzu. Da ist zunächst als Gegenstück zur οὐλη eine ebenso vorzügliche λεκτική Fig. 109 (vgl. S. 38 Fig. 64. 65), eine richtige περίκομος. Es ist die Myrrhina der Hecyra in der Szene mit Phidippus V. 516 ff. (fol. 118). Weiter ein vortrefflicher Kolax Fig. 110 (vgl. S. 23 Fig. 51. 52) mit Glatze und mit seinem Attribut, der Strigilis[1], in der erhobenen Rechten; es ist der Phormio in der Szene V. 846 ff. (fol. 149). Auch die Züge des πορνοβοσκός sind bei dem Sannio der Adelphoe fol. 83 zu V. 209 ff. noch recht gut bewahrt, nur daß natürlich der Bart weggelassen ist Fig. 111 (vgl. S. 17 Fig. 30—33).

---

[1] Vgl. oben S. 24. Die Strigilis hat Engelhardt a. a. O. S. 80 zwar richtig erkannt, wundert sich aber darüber, daß einerseits Phormio sie hat, und andrerseits darüber, daß er sie nicht in allen Szenen hat.

Fig. 112. Fig. 113. Fig. 114.

Auch in der Wiedergabe der Haartracht ist in sehr vielen Fällen das Ursprüngliche bewahrt. Der Künstler aus der Zeit des Calliopius müßte eine wahrhaft divinatorische Intuition besessen haben, um Speira und Stephane so korrekt, so ganz in der Art der Terrakotten von Myrina, der pompejanischen Gemälde, der Marmormasken zu zeichnen. Eine recht gut wiedergegebene Speira finden wir bei dem als θεράπων ἐπίσειστος gezeichneten Syrus des Heautontimorumenus Fig. 112 in der Szene V. 805 ff. fol. 71, eine tadellose Stephane bei dem Clinia desselben Stücks Fig. 113 in der Szene V. 679 ff. fol. 68. Die größte Überraschung aber ist, daß bei dem Chremes des Phormio, der, wie wir oben S. 94 A. gesehen haben, ein zweiter Pappos und folglich ein ἐν χρῷ κουρίας ist, in der Szene mit Demipho V. 567 ff. fol. 139 die Stoppeln auf der Glatze angegeben sind Fig. 114, vgl. S. 19 Fig. 41. 42. Verstanden freilich hat sie der Kopist nicht; denn er zeichnet trotzdem über der Stirn eine Haargrenze. Und noch mehr, er bringt dieselben Punkte auch auf der Stephane der Jünglinge und Greise, der Speira der Sklaven und sogar der Frisur der Frauen an. Als Beispiel bilde ich den Antipho in der Szene mit Phormio V. 829 ff. fol. 148 hier ab Fig. 115 und verweise im übrigen auf fol. 22, 42, 60, 62, 102, 142, womit die Fälle jedoch keines-

Fig. 115.

Fig. 116. Fig. 117. Fig. 118.
Fig. 119. Fig. 120. Fig. 121.

wegs erschöpft sind. Der Zeichner hat also von der wirklichen Beschaffenheit der Haartrachten keine Vorstellung und ebensowenig von ihrer Wichtigkeit für die Charakteristik und Unterscheidung der einzelnen Personen. Zeigt sich dies schon darin, daß er, wie wir gesehen haben, die Frisuren der einzelnen Masken in den Scrinien öfters anders zeichnet, wie in den Szenenbildern, so noch mehr darin, daß er auch in diesen derselben Person in den verschiedenen Szenen ganz verschiedene Frisuren gibt. Um dies zu demonstrieren, habe ich auf der vorigen Seite die sechs übrigen Darstellungen des Chremes nebeneinander abgebildet: fol. 141 zu V. 610 ff. Fig. 116[1], fol. 143 zu V. 713 ff. Fig. 117, fol. 144 zu V. 741 ff. Fig. 118, fol. 146 zu V. 795 ff. Fig. 119, fol. 150 zu V. 982—988 Fig. 120[2], fol. 151 zu V. 1000 Fig. 121. Man sieht hier in sehr ergötzlicher Weise, wie sich der Pappos in die dem Zeichner geläufigere Figur des ἡγεμὼν ἐπισείων verwandelt. In Fig. 116 hat er noch die Glatze, aber ohne die für den ἐν χρῷ κουρίας charakteristischen Punkte, in Fig. 117 trägt er eine regelrechte Stephane, die auch Fig. 118. 119. 120 noch zur Not zu erkennen, Fig. 121 aber in herabhängende Haarfranzen aufgelöst ist. So ist die vorzügliche Vorlage zwar vielfach durch Mißverständnis, Unkenntnis und Gedankenlosigkeit des Kopisten verdunkelt, aber häufig bricht sie doch in ihrer ursprünglichen Reinheit durch und bürgt uns dafür, daß der Schöpfer dieser Vorlage ein ausgezeichneter Kenner der Masken der neueren Komödie war. Hatte er nun diese Kenntnis nicht aus eigener Anschauung des Bühnenspiels, so müßte er sie sich durch ein sehr mühsames Sammeln und sehr sorgfältiges Studium des bildlichen Materials erworben haben. Denn aus Büchern, wie es Engelhardt gelegentlich einmal andeutet (a. a. O. S. 81), hätte er sich eine so genaue Kenntnis, und vor allem eine so richtige und lebendige Anschauung nicht erwerben können. Eine solche methodische Untersuchung aber einem Zeitgenossen des Calliopius zuzutrauen würde ein starker Anachronismus sein.

Wie echt antik auch die Gestikulation ist, brauche ich nach Leos[3] und van Wageningens[4] Darlegungen nicht mehr auszuführen; ich möchte nur darauf aufmerksam machen, daß auch die Stellungen und Bewegungen auf die beste antike Tradition zurückgehen, wofür ich nur auf die oben abgebildete Myrrhina (Fig. 109) verweise. Es wäre eine lohnende, aber die Grenzen dieses Programms weit überschreitende Aufgabe, dies im einzelnen durch Vergleich mit anderen Denkmälerklassen zu verfolgen.

Auch die übrigen gegen einen frühen Ursprung der Vorlage geltend gemachten Gründe werden sich schwerlich aufrecht erhalten lassen. Vor allem ist schon die Alternative: Zeichnungen nach Bühnenanschauung oder einfache Illustrationen nicht glücklich gestellt; denn es gibt da eine Menge von Zwischenstufen. Um einfache Illustrationen handelt es sich keinesfalls; denn sonst hätte der Erfinder den Figuren natürliche, nicht maskenhafte Züge gegeben. Indem er dieses

---

[1]) Im Parisinus hat diese Figur, die mit Geta spricht, die Namensbeischrift *Demipho* und die hinter ihr an der Ecke stehende *Chremes*. Aber ohne Zweifel sind hier wieder die Namen vertauscht (vgl. S. 90 A. 1); denn bei Terenz ist es Chremes, der von Geta begrüßt und befragt wird, während Demipho im Hintergrund steht.

[2]) Wiederum sind im Parisinus die Namen vertauscht. Denn die dort als Chremes bezeichnete Figur hält den Phormio von hinten fest und sucht ihm mit der Rechten den Mund zu schließen. Das ist aber gerade das, was bei Terenz Chremes dem Demipho befiehlt — *retine dum ego servos huc evoco* V. 982, *os opprime* V. 986 — und dieser natürlich auch ausführt. Chremes hingegen kommt ihm auf seine Bitte zu Hilfe — *enim nequeo solus, accurre* V. 983 — und eben dies tut die oben (Fig. 120) abgebildete, im Parisinus als *Demipho* bezeichnete Figur.

[3]) Rhein. Mus. XXXVIII 1883 S. 331 ff.

[4]) Scaenica romana.

tat, zeigt er, daß er an das Bühnenspiel doch wenigstens erinnern wollte, und dabei konnten ihm Reminiszenzen an Aufführungen gute Dienste leisten. Aber andrerseits konnte er auch gerade das Bühnenbild wiedergeben wollen, jedoch es mit Rücksicht auf die Leser etwas verändern oder erweitern.

Die Gründe, die gegen die eigene Bühnenanschauung des Erfinders sprechen sollen, lassen sich in folgende Kategorien zusammenfassen[1]:

1. Es werden Personen gezeichnet, die im Stücke gar nicht auftreten, sondern nur hinter der Szene sprechen oder, während sie hinter der Szene zu denken sind, angeredet werden: Archylis und Glycerium in der Andria V. 228 fol. 6. V. 473 und 481 fol. 13, Dromo in den Adelphoe V. 376 fol. 89.

2. Es werden Personen ausgelassen, die zwar nicht sprechen, aber doch auf der Bühne anwesend sind, entweder κωφὰ πρόσωπα, wie die Begleiterin der Pamphila im Eunuchen fol. 31 (s. V. 347), die Dienerinnen der Bacchis in der Hecyra fol. 123 (s. V. 793) oder redende Personen wie der Sannio in den Adelphoe fol. 84 V. 254 ff., Chremes und Demipho im Phormio fol. 140 V. 591 ff.

3. Es wird auf demselben Bilde dieselbe Person zweimal in verschiedenen Situationen dargestellt: in der Hecyra fol. 116 Parmenon zuerst im Gespräch mit Sosia V. 415 ff., dann mit Pamphilus V. 430 ff.[2], und in demselben Stück fol. 125 Pamphilus im Gespräch mit Parmeno 841 ff. und hierauf mit Bacchis V. 854 ff.[3]

4. Es wird nicht ein bestimmter Moment der Szene illustriert, sondern ihre verschiedenen Hauptmomente sind zu einem Bilde zusammengezogen: Eunuch fol. 35, Pythias den Chremes begrüßend V. 531 ff., Dorias abgehend V. 538[4]; in demselben Stück fol. 44, Sturm auf das Haus der Thais, links Thraso seine Armee ordnend V. 775 ff., rechts Chremes ihm schon drohend V. 797 ff.; Heautontimorumenus fol. 62, rechts Syrus den Clitipho zum Abgehen drängend V. 379. 380[5], links Clinia die Antiphila umarmend V. 407 f.; Adelphoe fol. 85, links Aeschinus und Ctesipho im Gespräch V. 265 ff., rechts Syrus den Sannio heranziehend V. 276; zu demselben Stück fol. 99 links Dromo noch im Auftreten V. 776, rechts Syrus den bereits zum Abgehen bereiten Demeas festhaltend V. 780 f. Hierher gehört es auch, wenn Hecyra fol. 119 Laches schon bei dem Gespräch zwischen Sostrata und Pamphilus V. 577 ff. gegenwärtig ist, das er nach V. 607 *procul hinc stans* beobachtet hat oder zu dem-

---

[1] Engelhardt a. a. O. S. 58 ff.
[2] So schon von van Wageningen Album Terentianum LXVIII richtig gedeutet.
[3] Gleichfalls van Wangeningen a. a. O. LXXII.
[4] Im Parisinus ist die Dorias fälschlich als Pythias bezeichnet; vgl. S. 90 A. 1, S. 98 A. 1 und 2.
[5] Das hat auch Bethe verkannt, wenn er aus dieser Illustration schloß, daß Clitipho während dieser Verse auf der Bühne sein müsse, und ihn deshalb nach dem Vorgang von Faber mit den Worten *Syre, ríx suffero* usw. V. 400 ff. wieder auftreten lassen wollte (Arch. Jahrb. XVII 1908 S. 95). In der Ablehnung dieser Annahme stimme ich Engelhardt ganz bei.

selben Stück fol. 118 links Myrrhina entsetzt aus dem Haus stürzt (s. S. 95 Fig. 109) V. 516 ff. und der erst V. 522 auftretende Phidippus ihr bereits rechts mit vorwurfsvoller Gebärde gegenübersteht.

5. Dieselbe Haustür wird bald rechts, bald links dargestellt[1]. Hier sind die Fälle so zahlreich, daß ich auf ihre Aufzählung verzichte.

Die ersten vier Fehler — wenn es Fehler sind, man kann sie nämlich auch für künstlerische Vorzüge halten — finden sich nun auch in den Dichterillustrationen der guten alten Zeit, den homerischen Bechern, den ilischen Tafeln und den Sarkophagen, von denen wir doch jetzt wohl alle annehmen, daß sie auf die Buchillustration zurückgehen, ja sie sind dort völlig gang und gäbe. Die Dinge sind so bekannt, daß ich mich fast genieren muß, hier näher auf sie einzugehen; ich will mich daher mit wenigen Belegen begnügen.

Auf dem Becher, der die zweite Iphigeneia illustriert[2], ist in der Szene, wo Iphigeneia ihren Vater um ihr Leben bittet V. 1098. 1275, der kleine Orestes hinzugefügt; auf den Weimarer Iphigeniensarkophagen sind in der Illustration des Gesprächs der Iphigeneia mit Thoas (V. 1152 ff.) auch Orestes und Pylades zugegen, ebenso auf dem Phoinissen-Sarkophag in Villa Pamphili Oidipus und Antigone bei der Verhandlung Iokastes mit ihren Söhnen V. 357 f.[3]. Aus derselben Tendenz heraus zeichnet der Terenzillustrator Figuren, die sich während der Szene im Innern des Hauses befinden, aber im Text erwähnt werden, obgleich sie im Stücke überhaupt nicht auftreten, so Glycerium und Archylis in der Andria, Dromo im Phormio, und es ist nur konsequent, wenn er dann auch ihre Masken im Scrinium denen der wirklich auf-

---

[1]) Entschieden gegen Bühnenkenntnis soll es auch sprechen, daß fol. 57 in der ersten Szene des Heautontimorumenus Chremes auf einem Felde mit einer Hacke in der Hand und Menedemus mit einer Hacke auf der Schulter dargestellt ist. In Wirklichkeit habe die Szene auf der Straße gespielt, und der vor seiner Haustür stehende Chremes habe den mit einer Hacke vorübergehenden Menedemus angeredet. Hier ist sowohl die Situation wie das Bild mißverstanden. Menedemus arbeitet wirklich beim Beginn des Stücks auf seinem Feld, das an der Seite der Bühne irgendwie angedeutet gewesen sein muß, natürlich in ganz bescheidener Weise, nicht aufdringlich naturalistisch, wie es unsere heutige phantasielose Zeit und unsere unkünstlerische Bühnentechnik verlangt, sondern stilisiert. Chremes tritt aus seinem Hause an die arbeitenden heran V. 67 ff.:

nunquam tam mane egredior neque tam vesperi
domum revertor, quin te in fundo conspicer
fodere aut arare aut aliquid ferre denique.

Bei seiner Replik richtet sich Menedemus auf V. 75, behält aber sein Werkzeug in der Hand. Hierauf Chremes V. 88 f.:

at istos rastros interea tamen
adpone, ne labora. ME *minime.*

Im weiteren Verlauf des Gesprächs nimmt Chremes dem Menedemus die rastri aus der Hand und sagt sie wägend V. 92: *hui, tam gravis hos, quaeso?* Diesen Moment stellt das Bild dar. Die Gegenstände rechts, die Engelhardt zweifelnd für eine niedrige Hütte erklärt, sind weitere landwirtschaftliche Arbeitsgeräte, ein Pflug (vgl. V. 69) und eine Egge.

[2]) Homerische Becher S. 51 ff. L.
[3]) Sarkophag-Reliefs II 177. 178. 184.

tretenden Personen an der ihnen gebührenden Stelle hinzufügt. Er will nicht das Bühnenbild sklavisch kopieren, sondern den Text des Dichters im Charakter eines Bühnenspiels illustrieren.

Umgekehrt fehlt auf dem Iphigenienbecher in der Szene der Begrüßung mit Agamemnon das V. 612 angeredete Gefolge der Klytaimestra. Man stellt eben nur dar, was für die Worte des Dichters wesentlich ist. So ist in der Hecyra V. 770 die Amme notwendig, da sie das Auftreten des Phidippus motiviert, die Zofen der Bacchis aber sind für die Handlung gleichgültig. Ebenso ist es einerlei, ob bei dem Gespräch des Ctesippus und Syrus (Adelph. 254 ff.) Sannio zugegen ist; er stand ja doch auf der Bühne ganz abseits vor seiner Haustür und hörte nichts [1]. Und dasselbe gilt von Demipho und Chremes beim Monolog des Geta im Phormio V. 591 ff. Hätte der Illustrator sie mitgezeichnet, so wäre der Charakter des Monologs nicht zum Ausdruck gekommen. In Wirklichkeit standen auch sie auf der Bühne ganz abseits und sollten vom Zuschauer nicht beachtet werden. Das Verfahren des Zeichners zeugt also eher von Bühnenkenntnis als vom Gegenteil.

Doch zurück zu den Parallelen aus älteren Illustrationen. Was die Kunst der klassischen Zeit ängstlich vermeidet, auf einem Bilde dieselbe Person zweimal darzustellen, ist bekanntlich in der späteren Zeit nicht selten, und wenn man sich diese Freiheit auch vornehmlich bei Landschaftsbildern genommen hat [2], so scheint sie doch auch in der Buchillustration eine große Rolle gespielt zu haben [3]. So ist auf dem Münchener Iphigenien-Sarkophag [4], der sicher auf eine illustrierte Euripides-Handschrift zurückgeht, in der Illustration der Botenerzählung von der Flucht V. 327 ff. Iphigenie zweimal dargestellt, sowohl am Ufer stehend wie im Schiff. Man kann sich solche Darstellungen auch so erklären, daß zwei Szenen zu einer zusammengeflossen sind. So brauchte auf fol. 116 (Hecyra) nur noch links die Figur des Pamphilus wiederholt zu werden, und man hätte zwei selbständige Bilder, eins zu V. 415 ff., das andre zu V. 430, und dasselbe tritt ein, wenn man auf fol. 125 rechts die Figur des Parmeno wiederholt. Aber dieser Sklave ist bei dem Gespräch, das sein Herr mit Bacchis führt, ebenso überflüssig, wie Pamphilus bei dem Gespräch zwischen Sosia und Parmenon. Und da der Illustrator ein verständiger Mann war, dem es aufs charakteristische ankam, hat er lieber das einemal den Parmeno, das anderemal den Pamphilus wiederholt, und so eine Szene geschaffen, in der dieselbe Figur zweimal, aber in sehr charakteristischen Situationen erscheint, oder auch, wenn man will, zwei Szenen, jedoch mit Auslassung einer gleichgültigen Figur in der einen, wie bei der zweiten Kategorie.

Mit den angeblichen Fehlern dieser dritten Kategorie sind die der vierten eng verwandt. Denn auch hier handelt es sich darum, die einzelnen Gruppen oder Figuren in möglichst charakteristischen Situationen vorzuführen, ohne Rücksicht darauf, ob dadurch die zeitliche Einheit bis auf die Minute gewahrt wird. Auf dem Phoinissenbecher in

---

[1] Im Gegensatz zu Laches in der Hecyra; s. S. 99.
[2] Arch. Zeit. XXXII 1874 S. 139.
[3] S. z. B. das Dolonbild im Ambrosianus der Ilias Ann. d. Inst. 1875 tav. d' agg. R.
[4] Sarkophag-Reliefs II 167.

London[1] wird unter anderem die Szene illustriert, wo Iokaste mit Antigone auf das Schlachtfeld eilt V. 1259—1283. Iokaste ist schon in heftiger Bewegung nach links; das entspricht V. 1280: ἔπειγ' ἔπειγε, θύγατερ, mit der linken Hand winkt sie ihrer Tochter; das scheint hierzu zu stimmen. Aber Antigone tritt eben erst aus der Haustür. Also illustriert der Gestus der Mutter den V. 1264 ὦ τέκνον, ἔξελθ', 'Ἀντιγόνη, δόμων πάρος, und das Auftreten der Antigone, die die linke Hand erschreckt erhebt, die Verse 1270: τίν', ὦ τεκοῦσα μῆτερ, ἔκπληξιν νέαν φίλοις ἀντεῖς τῶνδε δωμάτων πάρος. Endlich schreitet vor Iokaste auch noch der Bote her, der im Stück schon mit V. 1262 abgetreten ist. So sehen wir, daß in jeder Figur ein anderer Moment der Szene zur Darstellung gebracht ist, und in Iokaste sogar deren zwei. Auf dem in unserem Hallischen Universitätsmuseum befindlichen Pendant dieses Bechers[2] ist die Botenerzählung vom Wechselmord der Brüder illustriert V. 1447—1458, und zwar Polyneikes in der V. 1447 geschilderten Situation, wie er seine Mutter und seine Schwester um ein Grab in heimatlicher Erde bittet, Iokaste aber, wie sie sich das Schwert in die Brust stößt, was natürlich beträchtlich später V. 1459 geschieht. Etwas ganz Ähnliches ist es, wenn in der schon erwähnten Szene auf dem Phoinissen-Sarkophag Pamphili Polyneikes in der Verhandlung mit seinem Bruder V. 446 ff. das gezückte Schwert in der Hand hält, mit dem er in dem vorhergehenden Epeisodion aufgetreten ist, V. 267 ὡπλισμένος δὲ χεῖρα τῶιδε φασγάνωι κτλ.

Also was man an den Terenzbildern tadeln wollte, entspricht durchaus einer Gepflogenheit, die, wie die homerischen Becher beweisen, bis in die hellenistische Zeit zurückgeht und die im innersten Grunde nichts anderes ist, als das schon bei den Malern schwarzfiguriger Vasen zu beobachtende Bestreben, jede Figur in dem für sie charakteristischen Moment zu zeigen[3]. Hiernach wird man eher geneigt sein, die Entstehung der Terenzbilder möglichst hoch hinauf- als bis ans Ende des fünften nachchristlichen Jahrhunderts herabzurücken.

Noch aber bleibt der Einwand, daß dieselbe Haustür bald auf der rechten, bald auf der linken Seite gezeichnet ist, und daß deshalb der Erfinder dieser Bilder nie eine Komödienaufführung gesehen haben könne. Das wäre allerdings ein triftiger Einwand, wenn sich jene Türen an den Seiten der Bühne, also an den ἄνω πάροδοι, wie diese bei Plutarch[4] heißen, den Kulissen, wie wir sagen, befunden hätten. Dort befanden sie sich aber ja gar nicht, sondern in der Hinterwand der Bühne. Wenn sie trotzdem in den Bildern an die Ecken gesetzt sind, so geschieht dies um sie nicht von den Figuren überschneiden zu lassen, und auch hierfür bieten uns die homerischen Becher Analogien[5]. Diese Türen waren nun voneinander durch einen gewaltigen Zwischenraum getrennt, und auf dem riesigen Spielplatz vor

---

[1]) Arch. Jahrb. XXIII 1908 Taf. 5 N., vgl. S. 195 ff
[2]) Arch. Jahrb. a. a. O. Taf. 50 O; vgl. S. 186 f.
[3]) Bild und Lied S. 14 ff.
[4]) Demetrios 34; s. Gött. Gel. Anz. 1897 S. 41, Hermes XXXIII 1897 S. 448 ff.
[5]) Vgl. die Tür der Gynaikonitis, aus der Antigone heraustritt, auf dem oben besprochenen Hallischen Becher. Auch die Türen auf dem Odyssee-Becher A und der Sisyphoskanne des Dionysios (Homer. Becher

ihnen, wogte das Spiel bald dahin bald dorthin, so daß sich die auf der Bühne befindlichen Schauspieler bald rechts bald links von der einzelnen Tür befanden und der aus ihr Auftretende sich bald nach rechts bald nach links wenden mußte — gerade so wie wir es auf den Terenzbildern sehen. Nichts spricht so entscheidend für die lebendige Bühnenanschauung des Erfinders dieser Illustrationen als gerade dieses; denn hätte er seine Bilder nur auf Grund des Textes frei erfunden, so würde er sich doch auch in der Plazierung der Türen konsequent geblieben sein [1].

Ich hoffe, daß damit über den Versuch das Original unserer Illustrationen ins fünfte nachchristliche Jahrhundert hinabzurücken das letzte Wort gesprochen ist. Aber nun sehen wir uns vor die Frage gestellt: in welche Zeit gehört es wirklich? Haben wir es mit Bethe ans Ende des zweiten nachchristlichen Jahrhunderts oder mit Leo in die Mitte des ersten vorchristlichen zu setzen? Wie vieles für den früheren Ansatz spricht, haben wir schon nebenher gesehen. Prüfen wir jetzt, welche Gründe Bethe für seinen späteren Ansatz hat.

Hier muß ich mit der Bemerkung beginnen, daß meiner Ansicht nach die Ornamente der Maskenscrinien bei dieser Frage ganz auszuscheiden sind. Wir sehen doch, daß die Ornamentik nicht nur in den einzelnen Handschriften eine ganz verschiedene ist, sondern daß sie auch in derselben Handschrift beständig wechselt. Hier folgen die Kopisten dem Geschmack ihrer Zeit. Ebensowenig dürfen die Aediculae für die chronologische Datierung herangezogen werden. Sie bilden nur eine rein äußerliche Umrahmung, mit der die Bretter, auf denen die Masken liegen, in keinem organischen Zusammenhang stehen; daher sie im Ambrosianus bei den Masken zu den Adolphoe fol. 49 v überhaupt weggelassen und durch eine Umrahmung von

---

S. 8 und S. 93) dürfen, obgleich wir es da nicht mit Szenenbildern zu tun haben, verglichen werden, da es sich ja nur um das künstlerische Prinzip handelt.

[1]) Daß diese Türen in den Illustrationen dazu benutzt werden, um auch Vorgänge im Innern des Hauses, die im Text erwähnt werden, wie die kreissende Glycerium in der Andria fol. 13 (s. oben S. 99) und den die Fische schabenden Dromo in dem Phormio fol. 89 (s. oben S. 99) dem Leser vorzuführen, liegt durchaus im Wesen der antiken Illustration, und ich halte es daher nicht für richtig, wenn Bethe Arch. Jahrb. XVII 1903 S. 100 ff. glaubt, daß diese Personen als Statisten wirklich sichtbar gewesen wären. Überhaupt scheint mir die auch von Lundström Eranos, Acta Suecana philologa 1896 p. 95 ff. angenommene Hineinziehung des Vestibulums in das Spiel unmöglich. Daß im griechischen Theater Vorhallen da waren, wissen wir ja; aber sie waren viel zu schmal und für die höher sitzenden Zuschauer zu schwer zu überblicken, als daß in ihnen hätte gespielt werden können. Ich muß zum zweiten Male Bethe gegenüber das Wort Guckkasten gebrauchen. Der Bühnenhintergrund war ja im griechischen Theater etwas sekundäres, und glücklich das griechische Publikum, das sich die Naivität bewahrt hatte, keinen Anstoß daran zu nehmen, wenn Alkestis vor ihrem Hause stirbt, Philokleon unter freiem Himmel Toilette macht oder im Stichus im Freien gezecht wird. Man soll sich nicht durch die Anschauungen einer Zeit, die die Tragödien als Mimen aufführt und sogar an Sophokles Tempelschändung verübt, den Blick für die Verhältnisse des griechischen Theaters trüben lassen. Mit Freuden habe ich gehört, daß in den neunziger Jahren Holbergs geschwätziger Barbier bei einer Aufführung im Berliner Schauspielhaus seine Kunden auf der offenen Straße rasierte. Das war nicht nur im Geiste der Antike, sondern auch im Geiste Shakspeares und Molières.

einfachen Strichen ersetzt sind. Ähnlich wird es, denke ich, auch im Original gewesen sein. Denn das eigentliche Vorbild sind doch für diesen Teil der Buchillustration die Maskenanatheme der Dichter und Schauspieler gewesen, wo sie allerdings nicht aufgestellt, sondern aufgehängt zu denken sind [1]. Eine Anordnung nach dem gegenseitigen Verhältnis der Personen, wie bei den auf die hellenistische Buchillustration zurückgehenden Maskengruppen auf den Bildern des pompejanischen Hauses in der Stabianerstraße (s. oben S. 86) und auf dem Mosaik aus der Villa des Hadrian [2], darf für das Original schon deshalb nicht angenommen werden, weil die Anordnung nach der Reihenfolge des Auftretens doch gewiß schon auf dieses zurückgeht.

So bleiben nur zwei Argumente für den Ansatz um 200 n. Chr. übrig. Das erste scheint allerdings außerordentlich schwerwiegend. In den Illustrationen zu den Szenen des Phormio, in denen die drei advocati auftreten V. 348—464, scheint der eine von diesen, Cratinus, in der linken Hand einen aufgeschlagenen Codex zu halten, woraus sich als terminus post quem zwar nicht das Ende des zweiten Jahrhunderts, aber doch das des ersten ergeben würde [3]. Nun ist aber im Text des Dichters nirgend davon die Rede, daß Cratinus für sein Votum ein Gesetzbuch konsultiert. Er sagt einfach: „Handle nach deinem Vorteil", V. 449 ff.:

> *ego quae in rem tuam sint ea velim facias: mihi*
> *sic hoc videtur: quod te absente hic filius*
> *egit, restitui in integrum aequom est et bonum;*
> *et id impetrabis. dixi.*

Aber um das zu sagen braucht er nicht erst das Gesetzbuch nachzuschlagen. Viel eher wäre dieses in der Hand des Hegio zu erwarten, der juristische Bedenken hat V. 455 f.;

> *mihi non videtur quod sit factum legibus*
> *rescindi posse: et turpe inceptumst,*

oder auch des Crito, der über den schwierigen Fall noch länger nachdenken will V. 457 f.

> *ego amplius deliberandum censeo:*
> *res magna est.*

Und in der Tat hält auch wenigstens Hegio ein Buch in der Hand, aber in Rollenform, und diese doppelte Buchform, die alte und die neue, auf demselben Bilde so dicht nebeneinander, ist doch etwas bedenklich. Nun muß man allerdings zugeben, daß der fragliche Gegenstand in dem Ambrosianus, von dem ja Bethe bei seiner Besprechung ausgeht, ganz aussieht wie ein Codex, aber nicht in dem das Original weit treuer wiedergebenden Parisinus. Ich bilde den

---

[1] S. die Maskenreliefs aus Athen bei Reisch Griech. Weihgesch. S. 145 f.
[2] Nogara a. a. O. tav. XXVIII.
[3] Wenn freilich Schubart, das Buch bei den Griechen und Römern S. 102 f., mit recht die Anfänge des Codex bis ins zweite vorchristliche Jahrhundert zurückdatiert hätte, wäre Bethes Beobachtung für die Datierung belanglos. Doch scheint mir, daß Wilcken Hermes XLIV 1909 S. 150 Schubarts Ansicht mit guten Gründen bekämpft hat.

Fig. 122.   Fig. 123.

Cratinus von fol. 134. 135 und außerdem von fol. 135 auch den Hegio hier ab (Fig. 122. Fig. 123). Beide Male sieht der Gegenstand viel mehr aus wie ein aufgeschlagenes Diptychon, allerdings von beträchtlicher Größe; aber auch die Strigilis des Phormio (S. 95 Fig. 110) ist ein Riesending, und es ist wohl im Geist der Komödie, solche Attribute möglichst groß zu machen. Auch das Diptychon auf der Phlyakenvase der Ermitage, die Wieseler Ann. d. Inst. 1853 tav. d' agg. C herausgegeben hat, ist von übernatürlicher Größe. Daß die schwarzen Flecke keineswegs Tinte zu sein brauchen, lehrt der Vergleich mit der Schreibtafel auf dem Bild aus Casa di Lucrezio[1]. Es ist aber auch die Möglichkeit nicht ausgeschlossen, daß schon der Zeichner des Parisinus das Diptychon als Codex mißverstanden, also bereits den Weg beschritten hätte, auf dem dann der Zeichner des Ambrosianus noch weiter gegangen ist. Für die vorgetragene Auffassung spricht es ferner, daß sich ein aufgeschlagener Codex nicht so leicht mit einer Hand halten läßt, namentlich wenn diese unter dem Mantel verborgen ist[2]. Endlich scheint es mir ein sehr hübscher Einfall des Illustrators, den loyalen Hegio durch das Gesetzbuch, den egoistischen Geschäftsmann Cratinus durch die Rechentafel zu charakterisieren.

Das zweite Argument wird von der, wie man meint, ganz eigentümlichen Einfassung des Terenzporträts fol. 1 hergeleitet, für die es angeblich erst aus später Zeit Analogien geben soll, Fig. 124. Zunächst muß natürlich auch hier bei der Datierung von dem Ornament, das wieder in den einzelnen Handschriften ganz verschieden ist, abgesehen werden. Aber alles Übrige deutet mit nichten auf einen späten Ursprung. Da sind zunächst die ganz vortrefflichen Figuren der beiden Sklaven, links ein κάτω τριχίας, rechts ein ἡγεμὼν ἐπίσειστος. In diesen

---

[1] Overbeck und Mau Pompeji S. 814, Helbig Wandgemälde Nr. 1722.
[2] Vgl. die Art, wie der Orthograph Timokrates auf seinem Grabdenkmal die Schreibtafel hält, Comptes rendus du congrès international d'archéologie 1905 p. 193, Brinckmann Rhein. Mus. LXVI 1911 S. 150.

Fig. 124.

Masken traten, wie wir oben sahen (S. 88 und 90 f.), in dem auf den folgenden Blättern fol. 2 ff. illustrierten ersten Stück, der Andria, die Träger der beiden Hauptsklavenrollen, der Davos und der Byrria, auf, und wenn man deren Masken im Scrinium auf fol. 2 (S. 89 Fig. 107) vergleicht, ist man über die Übereinstimmung frappiert und erkennt, daß der Illustrator hier auf dem Titelblatt nicht einen beliebigen κάτω τριχίας und einen beliebigen ἡγεμὼν ἐπίσειστος, sondern den Davos und den Byrria aus der Andria hat darstellen wollen. Das Terenzporträt selbst ist eine imago clupeata, wie solche zuerst von Appius Claudius im Tempel der Bellona, dann von M. Aemilius Lepidus in der Basilica Aemilia und in seinem Hause geweiht worden waren [1].

---

[1]) Es lohnt sich die hübsche Pliniusstelle, obgleich sie jedem Leser ohnehin bekannt sein wird, im Wortlaut herzusetzen XXXV 12: *suorum clupeos in sacro vel publico dicare privatim primus instituit, ut reperio, Appius Claudius, qui consul cum P. Servilio fuit anno urbis CCLVIIII; posuit enim in Bellonae aede maiores suos, placuitque in excelso spectari et titulos honorum legi, decora res, utique si liberum turba parvulis imaginibus ceu nidum aliquem subolis pariter ostendat, quales clupeos nemo non gaudens favensque aspicit. post cum M. Aemilius collega in consulatu*

Das Terenzporträt.

Aber es ist nicht als Relief, sondern als Gemälde gedacht, und in einen sehr korrekt wiedergegebenen Rahmen von vier Leisten gespannt. Also ein richtiges Tafelgemälde. Diesem Tafelgemälde dient als Sockel eine attisch-ionische Basis von außerordentlicher strenger Profilierung[1]. Eine Parallele für diese Aufstellung eines Tafelbildes findet sich auf einer der Wände der Casa Tiberina[2], wo eine phantastisch umgebildete Sirene ein imitiertes Tafelbild im Stil des vierten Jahrhunderts auf den hochgehobenen Händen hält (Fig. 125). Freilich ist mit der für den zweiten Dekorationsstil so charakteristischen Inkonsequenz dieses Tafelbild zugleich als in die Wand eingefügt gedacht[3], und eine gleiche Inkonsequenz würde es sein, wenn, wie es bei flüchtiger Betrachtung scheinen kann, die Tafel mit dem Terenzporträt nicht nur auf dem Sockel ruhen, sondern zugleich von Byrria und Davos gehalten würde. Man hat hierfür auf die Sarkophage des zweiten und dritten nachchristlichen Jahrhunderts verwiesen, wo Tritonen, Kentauren, Amoren und Victorien das Porträtmedaillon halten und auch dies für eine

Fig. 125.

Quinti Lutatii non in basilica modo Aemilia, verum et domi suae posuit, id quoque Martio exemplo. scutis enim, qualibus apud Troiam pugnatum est, continebantur imagines, unde et nomen habuere clupeorum.

[1]) Sie besteht aus Torus und zwei Hohlkehlen, von denen die untere so steil ist, daß man sich an die Basen des samischen Heraions erinnert fühlt. Statt des zweiten Torus eine Standplatte mit lesbischem Kyma. Genau entsprechendes habe ich nicht finden können. Gewisse Analogien bieten die Säulenbasen an einigen Graburnen von Volterra, z. B. Durm, Baukunst d. Etrusker und Römer S. 71 Fig. 72 (Nr. 291). Schon zur Zeit des Augustus würde man einen solchen Sockel mit Ornamenten bedeckt haben.

[2]) S. Mon. d. Inst. XII tav. 18; danach unsere Abbildung. Vgl. Votivgemälde eines Apobaten S. 7.

[3]) Ähnlich hält auf einem Gemälde in einem Grab von Palmyra aus dem Jahre 259, das Bethe Terentius p. 63 zum Vergleich heranzieht (Strzygowski Orient oder Rom S. 215), eine Victoria die imago clupeata. Aber diese Victoria ist nicht plastisch, sondern als auf die Wand gemalt gedacht und bildet daher zu dem Sockel des Terenzporträts keine Analogie.

Fig. 126.

spätere Ansetzung der Illustrationen verwerten wollen. Doch gibt es auch schon aus dem ersten vorchristlichen Jahrhundert Parallelen. Auf dem Julierdenkmal von St. Remy halten zwei Tritonen ganz in derselben Weise einen clipeus [1], ebenso Thetis und ihr verlorenes Pendant Hephaest auf dem Sartischen Fragment einer tabula iliaca den Schild des Achilleus Fig. 126 [2], und auf Campanaschen Reliefs ist die antithetische Gruppe in derselben oder ähnlicher Verwendung sehr häufig [3]. Aber ich muß überhaupt bestreiten, daß Byrria und Davos das Terenzbild halten. Vielmehr legen sie die eine Hand auf dessen Rückseite und weisen mit der anderen auf es hin, das heißt, sie demonstrieren es dem Beschauer oder Leser. Und ist es nicht ein viel einfacheres und darum älteres Motiv, daß die Kreaturen eines Dichters dessen Porträt präsentieren, als daß mythologische Wesen das Porträt eines römischen Biedermanns tragen, mit dem sie nicht das Geringste zu schaffen haben?

Und endlich das Porträt selbst. In seiner frontalen Stellung, seiner steifen Haltung, seiner Büstenform [4] stimmt es durchaus mit den Porträtbüsten des ersten vorchristlichen Jahrhunderts überein, z. B. dem Grabrelief des C. Septumius in Ny Carlsberg [5]. Schon in neronischer Zeit würde man ganz gewiß die Oberarme mit dargestellt und dem Dichter wohl auch eine Buchrolle gegeben haben, wie die litterati Pompeiani sich selbst und ihre hoffnungsvollen Sprößlinge porträtieren zu lassen pflegen [6]. Am Ende des zweiten Jahrhunderts aber, wo Bethe die Illustrationen entstanden sein läßt, werden die Porträts in den Medaillons der Sarkophage stets mit vollständigen Armen gebildet.

Von archäologischer Seite läßt sich also gegen eine Zurückführung der Terenzillustrationen auf das erste vorchristliche Jahrhundert nicht das mindeste einwenden. Im Gegenteil gibt es recht vieles, was für diese Datierung spricht, und wenn sich auch Leos Vermutung [7], daß Atticus diese illustrierte Terenzausgabe veranstaltet habe, nicht streng mathematisch beweisen läßt, so ist dieser Gedanke doch ebenso ansprechend wie naheliegend.

Von der Zeit des Aristophanes von Byzanz bis zu den Terenzhandschriften des neunten Jahrhunderts haben wir die Masken der neuen Komödie und ihre Entwicklung, freilich nur skizzierend, verfolgt. Aber noch ist die Frage offen: wo stammen sie her? Manches hierfür hat sich uns schon nebenbei ergeben. Der Maison und der θεράπων ἡγεμών sind

---

[1] Antike Denkmäler I Taf. 15.

[2] O. Jahn Bilderchroniken Taf. II B; danach obige Abbildung.

[3] Rilievi Campana XXVII. LI. LII. LVI u. a.

[4] S. P. von Bienkowski Revue archéologique XXVII 1895 p. 293 ss.

[5] Arndt Griechische und römische Porträts Taf. 251.

[6] Mau Röm. Mitt. VIII 1893 S. 20 f., dem ich jedoch nicht beistimmen kann, wenn er diesen Porträttypus nach Helbigs Vorgang in die hellenistische Zeit hinaufdatieren will.

[7] Rhein. Mus. XXXVIII 1883 S. 346.

aus dem megarischen Possenspiel übernommen[1]. Das Charakteristische dieser Maske ist aber das Toupet, die Speira, und diese ist offenbar nichts anderes als die Haarrolle, die wir bei Statuen aus den Anfang des fünften Jahrhunderts, namentlich auf dorischem Gebiet so häufig finden, und zwar stets bei jungen Leuten[2]. Ferner hat es sich uns als mindestens sehr wahrscheinlich ergeben, daß der dritte Parasit, der Sikelikos, von dem wir allerdings eine bildliche Darstellung nicht nachweisen konnten, aus dem sizilischen Possenspiel, speziell dem des Epicharm, stammt (S. 68 f.). Dem Maison ist nun aber der θεράπων κάτω τριχίας aufs engste verwandt, und auf den Phlyakenvasen finden wir sehr häufig glatzköpfige Sklaven, die wir nach der Nomenclatur des Kanons als θεράποντες κάτω τριχίαι bezeichnen müßten[3]. Für das unteritalische Possenspiel ist also diese Maske bezeugt, und sie wird wohl auch dem megarischen und sizilischen nicht fremd gewesen sein. Ob auch der οὖλος θεράπων schon zu den Phlyaken gehört, läßt sich aus den Vasenbildern nicht entnehmen. Er könnte auch eine von der attischen Komödie geschaffene Variante sein. Dagegen können wir das Urbild des grotesken Tettix auf einer Phlyakenvase aus Ruvo[4] nachweisen (S. 112 Fig. 128). Wir finden hier die drei charakteristischen Haarbüschel genau wie an der Berliner Terrakottamaske (S. 15 Fig. 29), aber statt der Bartflocken noch den Spitzbart, und er erscheint als Musikant, also als ein Kerl, der unmotiviertes Geräusch macht, wie der Koch Tettix mit seinem Geschwätz. Möglich also, daß auch dieser Phlyax, der das zottige Gewand des Papposilens trägt, schon Tettix hieß[5]. Zum Koch aber hat ihn sicher erst die neuere attische Komödie gemacht.

Die beiden Ἑρμώνιοι stammen, wie wir oben gelernt haben (S. 63 f.), aus der alten attischen Komödie, und sind von einem Zeitgenossen des Aristophanes, dem zum Kreise des Eupolis gehörigen Schauspieler Hermon, erfunden oder vielleicht auch nur kreiert worden. Und auch für den Lykomedeios, den geschäftigen Biedermann, ist, wie S. 63 f. gezeigt, die Abstammung von der alten Komödie in hohem Grade wahrscheinlich. Er und der erste Hermonios vertreten aber mit ihrer vollen breiten Bartform einen jüngeren Typus als der spitzbärtige zweite Hermonios. Mit diesem aufs engste verwandt ist der Sphenopogon κατ' ἐξοχήν, den wir um so zuversichtlicher gleichfalls der alten Komödie vindizieren dürfen, als er uns bisher überhaupt nur in Bildwerken vorliegt, die von dieser abhängig sind (s. S. 21 Fig. 46. 47). Ja es scheint, daß der zweite Hermonios nur eine Variante dieses Sphenopogon ist. Masken mit keilförmigem Bart sind nun aber auch auf Phlyakenvasen sehr gewöhnlich[6], so daß die alte attische Komödie auch diese Maske dem dorischen Possenspiel entlehnt haben dürfte, während der erste Hermonios und der Lykomedeios ihre eigensten Schöpfungen sind.

---

[1] S. oben S. 12 ff., S. 69 ff., S. 71 f.
[2] S. Furtwängler Fünfzigstes Berliner Winckelmannsprogramm S. 128 ff. Taf. I.
[3] So vor allem auf der Asstsasvase, Furtwängler Berl. Vasenkat. 3044; Wien. Vorlegebl. B III 1.
[4] In der Sammlung Jatta. Heydemann Arch. Jahrb. I 1886 S. 273 C. Danach unsere Abbildung.
[5] Dieterich Pulcinella S. 39; vgl. oben S. 72.
[6] S. Mon. d. Inst. VI 35, 1. Ann. d. Inst. 1847 tav. d' agg. K, 1859 tav. d' agg. N, Arch. Zeit. VII 1849 Taf. IV 2; XIII 1855 Taf. LXXVII, Heydemann XXX Berl. Winckelmannsprogramm Taf. 2 usw.

Woher aber stammen die Masken mit Stephane, also die beiden πρεσβῦται, die meisten vornehmen Jünglingsmasken, inklusive des von Alexis geschaffenen Parasiten, und die παλλακή? Und wie verhält sich die Stephane zur Speira? Wir können dieser immer wieder hinausgeschobenen Frage nun nicht mehr länger aus dem Wege gehen. Zunächst konstatieren wir, daß weder auf den Phlyakenvasen noch bei den älteren Terrakotten eine Spur dieser Stephane zu erkennen ist. Ferner hat auf der bereits oben (S. 79 A. 2) erwähnten attischen Grabstele in Lyme Park, die ich hier nach dem Journal of hellenic studies pl. 13 abbilde (Fig. 127), die in Profil und Vorderansicht dargestellte bärtige Maske, die etwa den beiden πρεσβῦται der neueren Komödie zu entsprechen scheint, sicher keine Stephane, sondern dreigeteiltes Haar. Sollte also die Stephane am Ende doch nur die auf vornehme Personen übertragene und deshalb mit einem stolzerem Namen getaufte Speira sein? Dafür könnte zu sprechen scheinen, daß in jener schon wiederholt herangezogenen Stelle des Amphitruo V. 144 die Stephane des Iupiter-Amphitruo geradezu als *torus* bezeichnet wird. Und doch, glaube ich, daß gerade diese Stelle die Annahme wiederlegt und uns auf den richtigen Weg leiten kann. Dieser *torus* ist aus Gold, und solche goldene Toupets als Stirnschmuck hat Fr. Hauser in einem glänzenden Aufsatz in großer Anzahl zusammengestellt und in ihnen die so lange gesuchten und so oft falsch erklärten τέττιγες nachgewiesen[1]. An diesem goldenen Toupet erkennt nun der Zuschauer den Pseudo-Amphitruo als einen Gott. Wie nun, wenn dies nicht der vereinzelte Einfall des griechischen Originals, sondern die feste Bühnenpraxis in einer bestimmten Periode der attischen Komödie gewesen wäre? Das goldene Haartoupet bezeichnet den Gott, wie denn in der Tat schon auf der schönen Schale des Museum Gregorianum der die junge Hera davontragende Zeus eine solche goldene Stephane trägt[2]. Das müßte also eine Periode gewesen sein, in der man sich mit Vorliebe der Travestie der Göttersage zugewandt hatte, wie das in der mittleren Komödie der Fall war. Und dies ist, wie ich glaube, des Rätsels Lösung. Die mittlere Komödie hat die Stephane geschaffen, oder sie vielmehr, da sie ja längst vorhanden war, auf die Bühne gebracht. Und dazu stimmt vortrefflich, daß wir bei dem ἡγεμών πρεσβύτης ein anderes archaistisches Element mit der Stephane verbunden finden, die gedrehten Bartlocken. So wie dieser bald aufbrausende bald gutmütige alte Herr wird wohl auch der Zeus in der mittleren Komödie ausgesehen haben. Die neuere Komödie, die sich ausschließlich dem bürgerlichen Leben zuwandte, hat dann dieses goldene Toupet durch ein solches von wirklichen Haaren ersetzt, und es ist vielleicht kein Zufall, wenn dies im Kanon des Aristophanes bei der ersten Erwähnung der Stephane ausdrücklich hervorgehoben wird: στεφάνη τριχῶν. Diese Errungenschaft wurde nun mannigfach variiert. Bei dem πρεσβύτης μακροπώγων καὶ ἐπισείων hat man die archaischen Bartlocken des ἡγεμών πρεσβύτης durch den langen wogenden Bart des Lykomedeios ersetzt und zugleich die Enden der Stephane in lange herabhängende Locken aufgelöst. Letzteres hat man dann auch bei den bartlosen Masken der

---

[1] Österreich. Jahreshefte IX 1906 S. 75 ff.; vgl. Beiblatt X 1907 S. 9 ff. XI 1908 S. 87.
[2] Overbeck Kunstmythologie III 4 Taf. XVIII 12. Vgl. Hauser a. a. O. S. 100 Fig. 32.

Jünglinge und Sklaven getan, und so entstanden die beiden νεανίσκοι ἐπίσειστοι und der θεράπων ἡγεμὼν ἐπίσειστος.

Im Gegensatz zu diesen stilisierten Masken mit Stephane stehen nun aber, außer den dem dorischen Possenspiel und der alten attischen Komödie entstammenden Masken, die nichtstilisierten glatzköpfigen Masken mit natürlicher Bartform, also die beiden πάπποι und der πορνοβοσκός. Und doch müssen auch diese auf ältere Vorbilder zurückgehen, da zur Zeit der neueren Komödie die Vollbärte außer Mode waren. Und so scheint denn der πορνοβοσκός, der doch sicher ein Geschöpf der neueren oder höchsten der mittleren Komödie ist, einfach dem Silenstypus nachgebildet zu sein. Die beiden πάπποι kann man sich, wenn man nur auf den rasierten Kopf[1] und den Vollbart sieht, sehr wohl in der alten Komödie denken; nur ihre Gesichtszüge sind dafür zu wenig grotesk. Nun haben wir aber gesehen

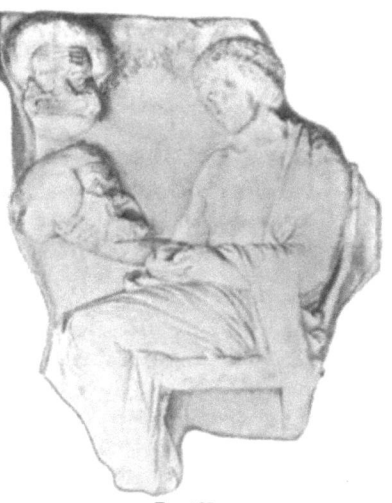

Fig. 127.

(S. 18), daß der erste Hermonios, der mit den beiden πάπποι manches gemeinsam hat, immer mehr das Groteske abstreift und zuletzt einen entschieden vornehmen Zug erhält. So könnte es auch mit den beiden πάπποι gegangen sein; wir können das aber nicht mehr nachweisen, da die beiden Terrakotten, auf die wir unser Urteil aufbauen müssen (S. 20 Fig. 43—45), sie schon sehr veredelt zeigen. In den Terenzhandschriften hat übrigens der zweite als Crito und Chremes in der Tat noch etwas Groteskes (s. oben S. 89 Fig. 107, S. 96 Fig. 114, S. 97 Fig. 116—121).

In der Haartracht ganz der Wirklichkeit entspricht der νεανίσκος οὖλος, eine ausgesprochen realistische Maske, die übrigens so auch schon für die mittlere Komödie denkbar wäre, hingegen für die alte wohl zu wenig grotesk ist. Dagegen liegt bei dem εἰκονικός, den wir so recht als die eigenste Schöpfung der neuen Komödie betrachten dürfen, der merkwürdige Fall vor, daß die ganz naturalistisch gebildeten Gesichtszüge und der modisch rasierte Bart mit der Stephane verbunden sind. Eine prachtvoll realistische Maske ist endlich der erst von der neuen Komödie geschaffene Kolax.

---

[1]) Daß auch das Phlyakenspiel solche ἐν χρῷ κεκαρμένοι kannte, lehrt unter anderen der Krater von Leontini (Mon. d. Inst. IV 12, Wiener Vorlegebl. B III 2, Arch. Jahrb. I 1886 S. 279), wo an der linken Ecke ein solcher erscheint, wohl ein Pädagoge (vgl. den Pädagogen des Herakles auf der Vase des Pistoxenos Ann. d. Inst. 1871 tav. d' agg. K), keinesfalls wie Stephani meinte, Iolaos, oder wie Wieseler wollte, ein Sklave oder gar, wie Heydemann dachte, eine Frau. Übrigens scheint auch der Sklave an der linken Ecke einen geschorenen Kopf zu haben.

Die Herkunft der Masken.

Über die Herkunft der Frauenmasken läßt sich wenig sagen. Für die alte attische Komödie sind nur das λυκαίνιον, das γράδιον ὀξύ und das παράψηστον denkbar, und diese werden denn auch aus ihr stammen. Die παλλακή scheint, wie wir sahen, aus einer Maske der mittleren Komödie umgebildet zu sein. Aber die Haartrachten aller übrigen Frauenmasken, so verschieden sie sein mögen, wiedersprechen doch nicht der Mode der hellenistischen Zeit und so können wir, da auch die Züge kaum noch etwas Groteskes zeigen, die weitaus meisten Frauenmasken als realistische bezeichnen.

So sah das Publikum bei der Aufführung eines Menanderschen Stückes uralte Maskentypen neben umgebildeten und neugeschaffenen, grotesk stilisierte Fratzen neben Abbildern des wirklichen Lebens. Und doch wird es keine Disharmonie empfunden haben. Denn was es sah war das Produkt einer organischen Entwicklung. Wohl mag einmal ein ordnender Geist die Pendants zusammengestellt und die Kontraste und die Nuancen schärfer und feiner herausgearbeitet haben, aber die Zusammenstellung ist nicht das Werk eines einzelnen, sie hat sich historisch herausgebildet. Auch die Masken der dorischen Posse sind gewiß nicht der durch Rhinthon litteraturfähig gemachten Phlyakographie direkt entnommen, sondern sie werden schon in die alte attische Komödie eingedrungen sein und sind aus dieser durch Vermittelung der mittleren Komödie in die neuere übergegangen. Es ist ganz dasselbe, wie wenn in dem Dichtwerk selbst Elemente der alten Komödie und der jüngeren Euripideischen Tragödie sich mit neuen Gedanken und Motiven zu einer harmonischen Einheit verbinden, wie sie jetzt in dem uns wiedergeschenkten Menanderresten in imposanter Größe vor uns steht.

Fig. 128.

EXPLICIT LIBER DE PERSONIS COMICIS.

DIE HETAEREN-SKLAVIN
MASKENKOPF IM VATIKANISCHEN MUSEUM

www.ingramcontent.com/pod-product-compliance
Lightning Source LLC
Chambersburg PA
CBHW030404170426
43202CB00010B/1485